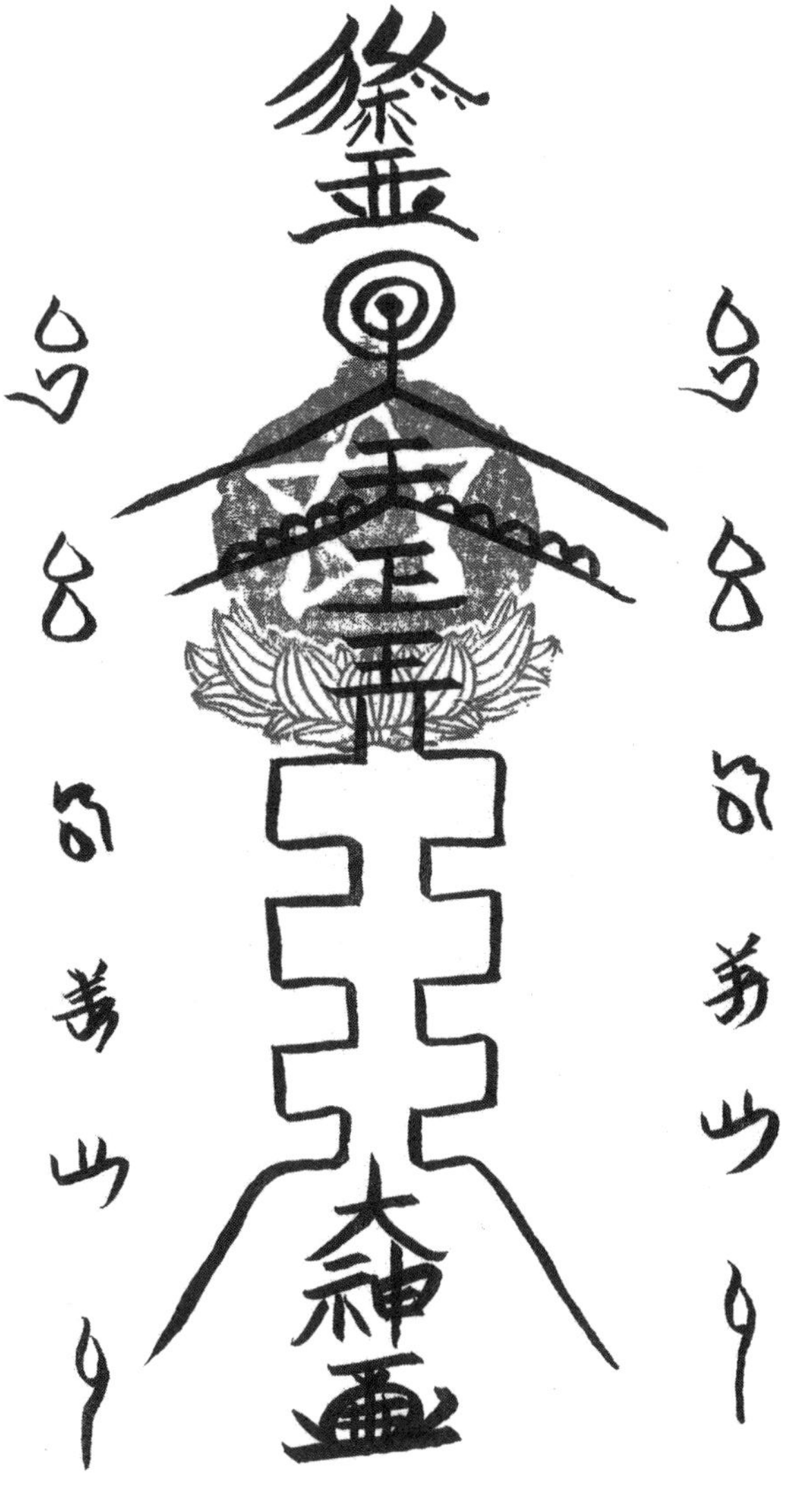
大神

本書自体を悪霊退散・除霊ならびに守護霊強化させる霊符です。切り取らずにそのまま本書を大切に保管しておいてください。なお、通常のように読む分には何ら問題ございません。ひどく汚れた場合や破いてしまった場合は、新しいものにお取り替えいただくことをお勧めします。

はじめに

「霊供養」。

みなさん一度は聞いたことがあるかもしれません。言葉の通り、「霊」を「供養」するわけです。

私は陰陽師として、これまで数えきれないくらいの相談を受け、鑑定を行い、霊供養を行ってきました。すると、多くの依頼者が「霊が視《み》えるなんて凄いですね！」と言います。

ですが、私にとってはこれはごく自然なことでした。本文中でもお話ししていますが、私は小さい頃から霊が見えていて、それが当たり前のことだったからです。友達と会って話すような感覚でした。

本書では私が鑑定してきた話を、一部個人情報などを伏せたかたちにて紹介していきます。

どれも本当に起こったものです。読者の方は、はじめは「え、これ、本当⁉」と思うかもしれませんが、読み進むうちに、霊の存在、守護霊のありがたさを感じていただけるはずです。

本書のさわりとしてこんな話を紹介したいと思います。

私は「守護霊は三代前までしかならない（四代以降は転生します）」と言っていますが、武士の霊と話したことがあります。

ある方（お金はあるのですが、女性との出会いのない男性でした）から相談を受けました。命術で命式を立てて鑑定していると、その人の背後から、すっと武士の守護霊が出てきたのです。これは、その家系を助けたい（絶やしてはならない）という思いからです。七代供養の塔婆が作れないのです。相談者は六代目、つまりこの方が子孫を残さないと、七代にならないのです。

私と目が合うとその武士は、頭を垂れました。これには驚きました。私のような人間に、高潔な武士が頭を下げたのです。それほどまでに、子孫を残してほしいんだと思いました。

私はその思いを受けて、男性に意中の方とのお見合いの日にちと時間、お店もメニューなどをすべて指定しました、もちろん、結婚成就の願もかけました。結果、彼は見事にそのお相手と結婚して、お子さんも生まれたそうです。実は、彼自身も七代の供養等は頭にあったそうです。お子さんが生まれてから、「「宝篋印塔《ほうきょういんとう》」を建てました、ありがとうございます」、と報告がありました。

私としても、その武士の霊の希望を叶えてあげることができ、光栄に思いました。

このように先祖の霊は、常に『今、生きている、私たち』を応援してくれています。

それを忘れないでください。

鑑定できない方でも、本書を読むことで助けとなり、前向きな生き方となれば幸いです。

目次

守護霊の話

「守護霊」とは、自分の身を守ってくれる、もう一人の「魂」のような存在です。

例えば、ある場所に行って、そこが全くの初めてであったとしても、「あれ、ここ、なんか来たことがあるな」と感じたり、「懐かしいな」や「心が安らぐな」と感じたこと、あるのではないでしょうか。守護霊もそのような存在です。実際に生前に会ったことがあるわけではないのに、どこかその人（守護霊）の癖や姿かたちなどが似ているのです。

私が守護霊を信じ、その存在を知る体験をお話ししたいと思います。

ちなみに、私の守護霊は父方の祖父です。これはとあるお寺の住職に教えてもらいました。その顚末《てんまつ》です。

そもそも、私は守護霊と霊の区別がわかりませんでしたし、守護霊自体は信じていませんでした。「それって、霊のことですよね」と感じていたのです。

私が20代のときでした。

それまでもお寺などでの修行は積んでいたのですが、生業《なりわい》としては全く別の仕事をしていました。その仕事の関係で、岩手県盛岡市のある場所に行ったのです。そこの近くにお寺があり、のぞくと、住職が立っていました。

私が「この人がご住職なんだよな」と顔を見ると、住職から「お茶を飲んで行きなさい」と急に言われたのです。

続けて、「おお、これは珍しい。君は『霊』が『見える』人なんだね」と。「霊が見える人はだいたい私の顔を見るのを避けるんだけど、君は、まっすぐに見たね」

「ところで、君の目の中にはもう一つの光が見える」「君、守護霊を信じるかい？」

会ってすぐの人にこんなことを言われたら、誰でもびっくりするのではないでしょうか。私もそうでした。

ただ、私はその頃もそうですし、小さい頃から霊は普通に見えていて、霊と守護霊の違いもわからない状況でしたから純粋な興味で「霊と守護霊の違いってなんですか？　私は守護霊はよくわからないんです」と言ったんです。

そうしたら、住職が「それはダメだ。いいかい、君の守護霊が私に言ってくるんだよ、君はこのままだと本当に惨めでかわいそうな人生を送ることになる。いつか死んでしまう。早死にだ。君の守護霊であるおじいさんは素晴らしい力を持っているが、今の君ではダメだ」と言うのです。

本当に驚きました。「なんでそんなのがわかるのですか？」とさらに聞きます。

「守護霊はこの世（＝現世）では一緒になっていない人がなるものなんだよ。

君のおじいさんも陰陽師さらに神道家・古神道家として、かなり強い力があるね、なにかやっていたのかな？　君とおじいさんはよく似ているよ。ほら、つむじの場所（私の右側の額前の生え際にはつむじがあります）が同じだろ。あと、君のおじいさんは口髭《ひげ》（鼻下だけの特徴的な）もあるね」

そんなことを言われたのです。

私はただただ驚いて、その場では「わかりました」としか答えられずにその場を去りました。

その夜、すぐに父に電話しました。今日の住職の話を確認するためです。

父からはおじいさんの特徴が住職の言った通りのことだとわかりました。

翌日、もう一度そのお寺を訪れました。住職に会うためです。

お寺に着くと、その隣のお墓が目に入りました。お墓が目に入るということは、そこをお参りした方がいいということですから、墓前で手を合わせました。

すると、急に霊が私の足を掴《つか》み引っ張ったのです。

私がいくら振り解《ほど》こうとしても霊は足にしがみついて離れません。

どうしたらいいんだ!? とパニックになったとき、住職が来てくれました。そして、「君、こんな霊も取り除けないのかい?」と。住職は聖天様の印と曼荼羅《まんだら》を唱えました。すると、霊は私の足を離して消え去りました。

住職が「ここには悪い霊はいないから安心しなさい。ただあの霊は、ここの古株というか古参というか、顔役のような存在でね。新しい人とか、自分たちに気づく人には、ついちょっかいを出すんだよ。『ここは自分たちの場だ』ってね」と笑いました。

この体験をし、私はそれまで勤めていた仕事を辞めて、そのお寺で勤めさせていただくことになりました。今までもいろいろなお寺や神社に奉公したことはありますが、それらは趣味的なものでした。ですが今回は意気込みが違いました。自分の能力を目覚めさせ、高めるために真剣にお勤めをさせていただきました。

ある日、住職の友人から「変わった人が来るから、あなたもお家においで」と言われました。

誰だろうと思ってその人のご自宅に伺って紹介を受けると、その方はお釈迦様を見れる方でした。

そして、その女性はお寺の庭を指差して、「ほら、あそこにお釈迦様が降りてくるわ」と言うのです。私には見えませんでした。「だいぶ変わった人だな」と思いました。その人こそが、瀬戸内寂聴さんでした。

守護霊はいつもいますが、それを常に感じることができません。その人が本当に困ったときにだけ出てくれるのです。

ですから、常にその人の後ろにいるわけです。横にいることも、ごく稀《まれ》にあるのかもしれませんが、前にはいません。オーラのようなイメージです。

守護霊がいてくれるから、「暖かい」とかその反対に悪寒《おかん》が走るなんてことはありません。身体の一部といってもいいかもしれません。

守護霊は直系三代前までしかならないことが多いです。四代以降は輪廻転生《りんねてんせい》として生まれ変わります。いわゆる、前世を持つということです。

ちなみに、前世の記憶や癖、体型などは似てきます。

守護霊は一人につき一体です。生まれたら必ず、持ちます。

三代前といいましたが、身内の人が守護霊とならないケースもあります。

そのお話をしましょう（これはお墓のケースでもありますが）。

ある方にボロボロのお墓を見て欲しいと言われました。建て替えのために掘り起こすと、大きな墓石が三つ出てきました。

ちなみに、依頼主は「佐藤（仮名）さん」で、他の二つの石には「石」とは関係ない名字でした。

私は三つまとめて供養するようお願いし、その通りになりました。

数年後、その方が尋ねてきました。一緒に小さいお孫さんもいます。

ふとお孫さんを見ると、「みすぼらしいコックさん」のような守護霊が見えたのです。

私は依頼主の方に聞きました「最近、食べ物のお店を始めませんでしたか？」と。答えは「いいえ」です。それでも、生まればかりのお孫さんにはコックさんが守護霊でいるのです。

私は依頼主の方の家系を辿《たど》るように依頼しました。

調べていただいてわかったことは、その方の数世代前に料理のお店をやっていた方がいたのです。洋食屋さんだったようです。そこでコックさんの風貌《ふうぼう》にも納得がいきました。これは、イタリアンやフレンチ、スイーツのパテシエのような方だったのです。ただし、その方が守護霊だったのではありません。私が見た守護霊はその方とは別人です。疑問はまだ残ります。

たまたま祀《まつ》った方に、なんで守護霊としてつくのか。

これもその方の家を聞いてわかりました。

依頼主の家族・親族はとても子供が多いのです。それこそ、三世代内では守護霊がまかないきれないほどです。そこに、子孫が絶えてしまったコックさんの守護霊（となるべき霊）が丁寧《ていねい》に供養されたことを喜び、そのお孫さんに守護したわけです。

とても子供の数が多い、または守護霊自体の数が少ない、そのようなときに、こういったことが起こるのかもしれません。

男性は男性の守護霊がつきやすいです。同じ性別の方が、親しみが湧くからなのかもしれません。

また、守護霊からしても、自分と似た考えや容姿の子孫でないと出てこないようです。

例えば、ある音楽家の守護霊がいるのですが、その方も守護霊もチェリスト(チェロ)でした。お父さんやお母さん、おじいさんはバイオリンや他の楽器です。その人だけチェロだったのです。

また、よく「飼っていたペットなどの動物は守護霊になりますか?」と聞かれますが、動物やモノは守護霊にはなりません。それは、霊です。

守護霊は本人には絶対見えてはいけないものです。見えるということは、その人を守護する存在が空いている（背中がガラ空き）ために、他の悪い悪霊などが取り憑《つ》かれることになり、とても危険です。

ですが、私は一度だけ守護霊のおじいさんを見たことがあります。

私がまだ小さい小学生ぐらいのときでした。

家の庭に紅葉《もみじ》の木が一本あるのですが、そこを拝んでいるおじいちゃんの霊が見えたのです。私が「だれだろう？」と不思議に思って近づいて、話しかけることもなく、顔を見つめました。おじいちゃんの霊はそれでもずっと拝んでいました。

その夜、父に「庭でおじいちゃんの霊を見たよ」というと、押入れから大量のアルバムを引き出してきて、いろいろと写真を見せてくれました。

「あ！　このおじいちゃんだよ！」と私が指差したのが、祖父だったのです。

私はちょうどその頃、霊障に悩まされていました。おそらく守護霊のおじいちゃんは私を守るために、家に代々植っていた紅葉の木にお願いしたのだと思います。それから霊障はぱったりとなくなりました。

自分では見えないけれど、自分と同じような存在、ドッペルゲンガーも守護霊なのかもしれません。

ちなみに、生身の私たちが年を経て成長するように、守護霊も成長します。守護霊の見た目についてですが、八割近くは亡くなる直前のお姿です。ですから、高齢の方が多いのかもしれません。ただ、それ以外にもその方が生前、「自分が一番幸せだと感じていたときの容姿」であることも多いです。

守護霊に守られている人のイメージで出てくることもありますし、それこそ、守護霊も急に若返って出ることもあります。

これも私が鑑定依頼を受けた話なのですが、あるご婦人が見られました。その方には80歳ぐらいの高齢の守護霊がついていました。守護霊のおばあさんが私に「髪を止める（それも普通のものではなく、バレッタのような特殊な形態の）櫛が欲しい。それと、着る服がないから一着、用意して欲しい」と言ってきました。

私はそのことをそのまま伝えると、依頼主の方は「（守護霊が欲していた）櫛は家にあります！」と驚き、若々しい、綺麗《きれい》な着物と合わせてお供えしたようです。

1年経たないぐらいでしょうか、再訪されました。見ると、守護霊のおばあさんは、その櫛を髪に挿し、綺麗な着物を着て、若返った姿でした。守護霊のおばあさん、ではなくて、美しい女性は「ありがとう」と喜んでおられました。

このように、守護霊も姿をたびたび変えたりするのです。

守護霊にも、嬉しいとか悲しいとか、悔しいなどの感情はあることを忘れないでください。

それでは、守護霊はどうやってそれらの感情を私に伝えるかというと、会話です。耳元でぼそぼそとささやき、呟《つぶや》くこともあるのです。どんなに遠くに離れていても、そうです。

私はそれに対しては、直接、声に出して応えます。初めての依頼主はびっくりされることもあります。

また、言葉以外にも守護霊は私たちに何かを伝えようとすることがあります。

例えば、モノを動かす、です。

こんな鑑定ケースがあります。

心霊現象が頻発する家に鑑定に行ったときのことです。私が家に入ると、急に、台所にあったお菓子がポーンと飛んだのです。飛んだ先は、簡易的な仏壇でした。

私が仏壇に手を合わせると位牌の守護霊が「臭い、臭い、臭い……」と悲しく言うのです。確かに、このお家は入ったときから独特な匂いがしていました。魚を焼いてもいないのに魚の焦げ臭い匂いがしたり、お風呂場からなぜかカレーのようなスパイシーな匂いがしたり。

私が守護霊の年配の女性に「何が臭いんですか？」と聞くと、「煙が臭い……」と泣くのです。

「煙？」と不思議に思ってお供えしているお線香を確認すると、なんと！　お線香ではなくアロマを焚《た》いていたのです！　位牌も仏壇もアロマの匂いです。これが守護霊を悲しませていたのです。

私はすぐに換気をするようお願いして、あらためてアロマではなくお線香を立ててもらい、お茶と塩結びを供えてもらって、心を込めてお経を唱えました。

すると、守護霊のおばあさんから「ありがとうございます」と感謝されました。その後、心霊現象も変な匂いも全くしなくなりました。

ところで、お線香とは、霊（守護霊も含みます）にとってどんな存在だと思いますか？

私は実際に何度も見たのですが、霊が口を開けてパクパクとお線香の煙を食べたり、煙を身体中に浴びるようにこすったりしているのです。とても気持ちよさそうな表情でした。

私たちがお寺を参拝した際にお線香の煙を頭や体にこすりますよね？「常香炉《じょうこうろ》」といいますが、それと同じことなのかもしれません。

また、お供えするお線香は宗派によって異なりますが、私は3本をお勧めしています。これは、過去現在未来を1本ずつで表すこともあるからです。

お墓参りをするとその人の運勢が上がると言いますが、それは本当です。

私自身も、また、モニター調査でもそのような結果が出てきました。

やり方はこうです。

ご先祖様のお墓と、その周囲360度にある三軒隣までのお墓すべてに、お線香を上げるのです。そうすると、九割以上の方が運勢、特に金運がアップしました。

なぜ、お墓参りを丁寧《ていねい》にやると運勢が上がるのか。それは、お墓はご先祖様のお家であり、霊が集まり、情報交換しやすい場所だからです。近所つき合いの場所です。

子孫が困っているとき、その先祖の霊も、お墓の周囲の霊も助けてくれるのです。

これは私が鑑定したわけではなく、実際に現場を見た話です。

私の家はもともと神道なのですが、親類のおじさんは仏教に帰依《きえ》していました。そのおじさんのお墓を参ったときのことです。

あるお墓のところに霊が大量に集まっていたのです。

「これはなんだろう？」と私が少し遠くから見ていると、そのお墓に、お父さんとおばあさん、足を骨折したのかギプスをはめて松葉杖《まつばづえ》の子供がお参りに来ました。

三人とも丁寧に墓石を磨き、お水とお花、お線香を供えました。さらによく見ると、子供が何か呟《つぶや》いているような気がします。もうちょっとだけ近づき、耳をそば立てて聞くと、「お母さん、病気治るかな、治ってほしいな」とお願いしているのです。

なるほど、子供の怪我《けが》もそうですが、お母さんの体を心配してご先祖様に参りに来たのだなとわかりました。ただ、どうしてここまで霊が集まるのだろう、と不思議に思っていると、三人は帰り際、三軒隣分までのお墓すべてに対して、お線香は上げていませんが、手を合わせてお参りしていたのです。お子さんも一生懸命手を合わせていました。

これですべて納得がいきました。この三人のご先祖様はもちろん、その周囲三軒分の霊が家族を助けようと集まっていたわけです。

私は、「ああ、これならこの子もお母さんも大丈夫だな」と思いました。

現世で生きている私たちの生活においても、お隣さんやご近所さんが大切な存在であるように、霊の世界でも近所付き合いはとても大切なのです。

お線香の話をしたので、お墓についても触れておきましょう。

断言しますが、生前にお墓（これは墓石のことです）を買うと、その方は3年以内に亡くなる確率が高いです。

かなりショッキングな話ですが、これは事実です。

私が講演会などでこのお墓の話をしますと、多くの方が驚き、納得されます。

講演後、あるおばあさんが「親類が生前にお墓を建てたがその3年後に亡くなった」とお話ししてくれましたし、他の方は「実家の母がどうしても生前にお墓を買ってほしい、と数か月近く懇願され、仕方なくお墓を買ったら、それから1年経たずに亡くなった」と言いました。

これはどういうことなのでしょうか。

お墓とは霊にとっての家です。ですから、お墓を建てたということが、霊として帰る場所ができたことであり、つまり、死ぬ準備が整った、いつお迎えされてもいい、今すぐに死後の世界に行ってもいいというわけです。

また、お墓が家であるならば、そこに住う人が必要となります。この場合は、骨が必要です。自分の代わりの骨でも構いません。

最近では生前供養の他にも永代供養やマンションのような共同お墓などの話を聞きますが、私はそれらもまったくダメだと思っています。死者は大地に帰るものだからです。

例えば、マンションなどの中にあるお墓です。これは、土についていません。本来、骨壺に入れて土に埋め、やがて大地に帰る、それが正しいかたちです。空中に浮いていては安心もできませんし、天の道に外れた行為です。そういったケースで私のところに来られても対処が難しいのが正直なところです。

自然散骨や分骨も流行《はや》っているようですが、それもダメです。そのようなかたちで供養された霊は身体の一部が欠けています。

こんなケースがありました。

ある姉妹がお母さんを分骨して保管されていました。姉妹のうち、お姉さんが霊障に悩まされて鑑定に来たのです。

見ると、お母さんの霊が「痛い、痛い」とうずくまって泣いているのです。

私が「大丈夫ですか?」と聞くと、ただ「痛い、痛い」というのです。よく見ると、お母さんの霊は内臓部の骨がきれいになくなり、右足も欠けていました。

これは分骨だなとわかり、お姉さんに「分骨されていますよね? お母さんが、お骨は全部一緒にまとめてちゃんと供養して欲しいと泣いていますよ」と伝えました。

鑑定後ほどなく、それぞれの家にあった骨をまとめて供養され、霊障もなくなったようです。

他のケースでは、分骨をした場合、その部位(例えば、守護霊の左腕の骨が欠けているとその守護霊に守護されている生身の人の左腕が)が怪我をすることもあります。

たしかに、分骨や自然散骨を望まれる方もいることでしょう。

ただし、ここで大事なことは、遺骨は遺族のものではなく、その霊のものです。分骨などは遺族の自己満足でしかありません。霊からすると、自分の体があっちこっちに散らばってたまったもんじゃないわけです。

それと、自然散骨ですが、これは墓がない、つまりは「家」がない状態です。霊はどこに帰ったらいいかわからずに、常に疲れ切っています。あまりにもかわいそうではありませんか。

そういった状況で鑑定依頼を受けたことがありますが、私にできることは、「綺麗な位牌を作って仏壇に飾り、朝昼晩とお茶とご飯とお線香をお供えし、手を合わせてお経を唱えてください。それを1年ぐらい続けて拝めば、霊障含めて治るでしょう」です。お供えするご飯とは、私たちが食べているご飯と同じものです。白いご飯だけしかお供えしてはいけない、ということはありません。以前、あるタレントさんを鑑定した際に、その方の守護霊（これはその人のおじいさんでした）が「いつも同じものしかお供えしてくれない。他のものが食べたい。孫と同じものが食べたい」と言っていました。パンでもラーメンでもお寿司でも、なんでも構いません。家族と一緒にご飯を食べるような気持ちで、お供えをしてあげてください。

1年間です。3日や4日で治るわけがありません。それぐらい霊にとって悲しいことなのだと覚えておいてください。

守護霊の話に戻りましょう。

これも守護霊がその方を守ってくれたケースです。

ある男性が鑑定に来られました。その方は数か月前に父親を亡くされて、その供養について相談に来られたのです。

父親が亡くなって数日後、その方は自分が使っていた車のキーケースが壊れたことに気がつきました。買い換える手間も惜しかったので、たまたま目にした父親が使っていた革のキーケースを使わせてもらうことにしたのです。

ある朝、出勤のために車に乗ろうとすると、いつも置いてあるところにキーケースがないのです。おかしいと思って家中を探しましたが、出てきません。時間だけが過ぎ、会社にも遅刻しそうです。

と、家の外で「バーン！」と大きな音がしました。

慌てて外に出ると、家を出てすぐの道の壁（そこは一方通行だったのですが）に大きなトラックがぶつかって大破していました。幸い、トラックの運転手も無傷で他に怪我をした方もいませんでした。

ただ、もし、その男性がいつもと同じような時間で車に乗っていたとすると、この事故に巻き込まれていたわけです。事故の直後、キーケースはいつもの場所にあったようです。

その男性はそんな話を私にし「父が私を守ってくれたんですよね」と聞いてきました。

ですが、この男性の守護霊はおじいさんです。

「あなたのお父さまではなくておじいさまが守られたのでは?」と聞きました。

すると、その革のキーケースはお父さんのではなく、おじいさんのものであったことがわかりました。

このように守護霊は予知・予見ができるのです。

守護霊からのメッセージを夢で受け取る人もいます。

私の甥っ子がそうです。彼は夢で霊と話をするそうです。

私の父親にも夢で会ったそうです。そして、親族一人一人にこれからどういうことが起こるかを詳細に伝えるのです。

私についても言われました。父の霊が言うには「（ある年齢までに）病院に行け、そして精密な検査を受けろ。もし、そこの病院で何もわからなかったら、もっと大きな病院に行け。そうすれば、それからも生きられるだろう」と。

甥っ子はこの話を今年（２０２０年）だけで5回以上も見たそうです。


ある女性の方が相談に来られました。

その女性はここ最近、毎晩のように亡くなった母親の夢を見るのだそうです。

守護霊としてもお母さんは立っておりました。

私が「何か言いたいことはないですか?」と聞いても何も言わずに立っているだけです。夢の中でも母親は何も言わないそうです。

もう少し夢の話を聞くと、夢の中で母親と一緒に神社に行って拝むこと、病院に連れて行かれることなどを話してくれました。

その方自身はいたって健康なのですが、少し気になり鑑定をさせてもらいました。すると、どうやら癌《がん》(大病)に患いやすいタイプだとわかりました。また、そのタイミングであると。

私は守護霊の話はせずに、「とりあえず、一度、よく検査をされてはどうですか?」とアドバイスしました。

数日後、その方が病院で検査したところ、乳癌の早期だったことがわかりました。すぐに適切な処置をしたために大ごとにはならなかったようです。これも母親の守護霊のメッセージだったのでしょう。

どうして、守護霊のお母さんは「娘に乳癌があるからすぐに検査をしてください」と言わなかったのでしょうか。

これは私たちの普段の生活を考えてみればわかります。

例えば、いきなり「あなたは癌だから入院しろ！」と言われて、「はい、わかりました」と答える人がいるでしょうか。いないはずです。かえって怖がって、病院に行かないのではないでしょうか。

守護霊はあくまでもその人のためを思って、その人が最も行動をとりやすいかたちとして促《うなが》してくれるのです。


ところで、霊って霊界では何をしているのでしょうか。

これは、私もわかりません。

といいますのは、どの霊に聞いても「向こう（霊界）ですることがある」とか「忙しい」としか教えてくれないのです。何をしているのかわかりませんが、何らかの「仕事」があるようなのです。

私の父（霊）の話です。

今、犬を2匹飼っているのですが、余命宣告を受けて、毎日病院に通っていました。

先日、父が「そろそろ（ペットを）連れて行っていいか」と聞くので「まだやめてほしい」とお願いすると「わかった」と。そのときに、「霊界で何をしているんですか？」と聞いてみたのですが、父は「やることがあって忙しい」としか言いません。

その話で思い出しました。

霊が口を揃えて言うことがあります。

それは、家（親族・親類含む）には三つ以上遺影を置いてはいけない、ということです。なぜかというと遺影は自分の家（ホーム）であり、それが三つも四つもあると回るのが大変なんだそうです。

また、遺影にご飯とお茶のお供物をすると、霊界で何か仕事をしていても家に降りてこなければならず、それもまた大変なのだそうです。

そういう意味では、持ち歩くことも言語道断です。落ち着くべき家が常に振り回されるわけですから。

ですから、遺影は三つ以内にし、しかも、持ち歩くことなく家の中の仏壇の横（仏壇の中に置くのではなく、外またはわきに置く）に大切に保管すべきものなのです。仏壇と分けておくことが大事です。

霊同士も会話はします。

私の家族の話です。先日、親類のおじいさんが亡くなりました。私は親類の家まで赴くことができず、自分の家に簡易的な仏壇を作りおじいさんの供養をしました。

と、そのおじいさんが現れて、「うちの冷蔵庫に黄色いゼリーがあるんだが、それを食べたい」と言うのです。私が家にいる親類に電話して確認したところ、確かに、その日の来客で黄色のゼリーを手土産にした方がいたというのです。

本家の仏壇にお供えしてもらうと、おじいさんから「ありがとう」と言われました。

数日後、またそのおじいさんの霊が出てきました。どうやら父の霊と会ったらしく「いい人だね、これからもよろしくお願いします」と伝えてくれました。

このように、どの人にも守護霊はついています。その人が道を外しそうなったとき、守護霊は常にメッセージを出してくれています。私たちがそれに気がつけるかどうかなのです。

私は心に余裕があるとそれが読み取れるのだと思います。

また、よりよく守護霊とお付き合いをするには、リラックスできる時間を持つことが大切です。神経が張り詰めているような状況では守護霊も話しかけづらいのです。

それと、悪いことや良からぬことを考えてはいけません。妬《ねた》みや僻《ひが》み、嫉《そね》み、ネガティヴな感情は守護霊を遠ざけます。

兵庫県の脱線事故（２００５年４月25日に起こったＪＲ福知山線脱線事故）の

話をふと思い出しました。

その方は、いつもと同じように電車に乗ろうとしたのですが、急にお腹が痛くなり、駅のトイレに駆け込みました。トイレに時間を取られていつもの電車は乗れません。その電車が、あの事故を起こしたのです。

事故後、怖くなりお墓参りをしたそうです。すると、なんと、墓石の中央部（ちょうど人間で言うならばお腹のあたりです）に大きく亀裂が入っていたのです。

これは、守護霊が墓石自らに傷をつけて、身を挺《てい》してその方を守ってくれたのです。

これにはさらに後日談があります。

ご先祖様に感謝すべく、その方が墓石含めて、お墓を大きく立派なものにしたいと相談に来ました。

私は「それはやめてください」と言いました。

「いつも通り、お茶とご飯、お線香を上げて手を合わせて拝むことで十分です」と。

これもよく言うのですが、自分の家よりも大きい（金額、面積、見栄えなど）お墓はダメです。

相場的な言い方をしますと、家の10分の1ぐらいが妥当です。不相応な大きいお墓はその人の運勢を下げます。

繰り返しになりますが、お墓はとても重要です。

私のところには、ご縁がない女性が相談に来ることが多いのですが、ほとんどの方が父方のお墓参りを疎かにしていました。

もし、「父方と母方のどちらを優先すべきですか？」と聞かれたら、父方を優先してくださいと私は答えます。

最近では、墓守ができずに墓仕舞いをする人もいるようですが、それはもってのほかです。

私の相談者で墓仕舞いをした方がいますが、4年後に来られた際はみすぼらしい状況でした。話を聞くと、自営業だったのですがそれが廃業になり、病気にも罹《かか》りと不運続きだったそうです。

地方から東京にお墓を持ってきた方も同じような不運に見舞われました。

なぜお墓を動かしてはいけないのか、それは、お墓がその方の本当の実家なのです。戸籍謄本なんかよりも強い力です。代々、その土地に暮らしてきた人にとっては霊となった後も、その土地と水、空気があることが大切なのです。

みなさんも急に「明日から見ず知らずの土地で生きていきなさい」と言われ

たら驚くでしょう。霊もそうです。

「田舎に帰って墓守するのが大変だから、墓仕舞いをして東京に持ってきた」というのはもってのほかです。それは霊をないがしろにした身勝手な行動です。

ちなみに、そういうケースで霊障などが起こった場合、解決は難しいのですが、唯一の方法としては、真言宗、高野山直系の密教関係がよいでしょう。密教関係は加持祈禱《かじきとう》にとても強いです。


私自身の活動として、ユーチューブにお墓の話を上げると、多数の霊が出てきます。それこそ、前日の夜とかに「明日はよろしくお願いします」とか言ってくるのです。正直、困ります。「困る」というのは、嫌だとか面倒だとかではありません。

説明が難しいのですが、「ああ、大変だな」と思ってしまうのです。

映画で『ドクター・ドリトル』というのがあります。エディー・マーフィーが主人公で動物と会話できる能力を持った医師とそれを目当てに助けを求めてくる動物たちのお話なのですが、まさにそんな感じです。霊も自分の声を聞いてくれる人を探しているのかもしれません。


こんな鑑定事例もありました。

依頼主のお子さんがひどい喘息《ぜんそく》に悩まされているのです。いろいろと医師に診てもらっても治りません。そこで私のところに相談に来たのです。

ユーチューブの取材です。お家に上がると霊が「苦しい、苦しい」と言うのです。声もくぐもっています。かなり喋るのが辛そうでした。

これはなんだろうと遺影を見たら、なんと、ラップできれいに包まれていたのです。さらに、プリクラのようなシールも貼られているではありませんか。

私はすぐに「ラップを解いて、シールも剥がしてください。普通に額縁に入れて立てかけてください」と言いました。

取った翌日からその子の喘息は止まりました。

遺影を大事にしておきたい気持ちはわかりますが、ラップやパウチはダメです。

顔にぐるぐるとテープをやらビニールやらをかぶされて嬉しい人なんていません。

ちなみに、遺影のほかにも寺社仏閣でいただくお札をラップで包む人がいますが、それもダメです。気をつけてください。

またこれは九割近くの人が知らずに勘違いしていることなのですが、お札は白い紙に包まれて渡されますが、それは、剥がしてください。ラップと同じことですが、白い紙でマスクされていてはお札の効果もありません。

霊も私たち人と同じだといいましたが、最後に少し珍しいケースを紹介したいと思います。

とある方が相談に来られました。

若い男性です。その方は「水が怖い」そして「空気の音が怖い」と言うのです。あまりにも怖くて飛行機に乗れず、仕事に支障を来《きた》しているようです。

その人には兵隊の守護霊がついていました。

守護霊の兵隊さんに聞いてみました。すると「私のお墓が山の中にある、カビが生えて水が溜まっていて気持ち悪い。お墓を掘り起こして、あらためて埋めて欲しい」と言うのです。

お墓を掘り起こすのはタブーです。

私が「いや、それはできません」と伝えても、「お墓を掘り起こしてほしい」と強く言うのです。

仕方なく、守護霊が言ったままに相談者にお伝えしました。その方は「わかりました」と、本当にお墓を掘ってみたそうです。軍服の切れ端が出てきました。他には何もありません。さらに掘り進めると、遺骨が出てきました。その数、三体分です。どうしようもないので、一つの骨壺にまとめて、あらためて地元のお寺に供養をしてもらいました。

すると、その方は水の怖さも空気の音の怖さも、飛行機の怖さもなくなりました。

ひょっとしたら、その守護霊の兵隊さんは空軍パイロットだったのかもしれません。ただ、残り二体のお骨はわからずじまいでしたが。

守護霊はもともとが人です。ですから、その人（守護霊の生前）の好みが反映されます。

それと、これはとても大事なことなのですが、基本的に守護霊は嘘をつきません。霊界には嘘をつけないというルールがあるのかもしれません。悪霊は嘘のような言い方をしますが。

私自身の経験としても、曖昧《あいまい》な要求をするのは変な霊です。守護霊ではありません。守護霊ははっきりといいます。

相談されたケースではこんなことがありました。

ある方を鑑定していると後ろに霊が立っていました。

そこで、霊に対して「何をして欲しいのですか?」と聞きました。すると、「近々、晴れた日に、どこそこのお墓にお参りに行ってほしい」と言うのです。

相談者にその通りに伝えました。

後日、晴れた日にその方が指定の場所に行きました。ただ、そこはもともとその家系のお墓はないのです。

その話を聞き受け、もう一度、その霊をよく見てみました。

年齢は30~40歳くらいの男性で顔がはっきりと見えません。これはおかしいな、と感じました。それと、左半身が火傷《やけど》のように焼けているのです。

私が相談者に「こういう方、家系にいませんか?」と確認しても「いいえ、そんな人はいません」と言われました。

私が「左半身に火傷があるようなのですが」と重ねて伝えると「あ、いました! 家族ではなく、うちの近所の人です!」と驚いた様子でした。

さらに話を聞くと、ご近所に昔、焼身自殺を図った人がいたそうです。焼身自殺自体は未遂で終わりましたが、左半身に大火傷を負ったそうです。その後、服毒自殺をされたそうです。

このケースでは自分（自殺を図った男性）の家系では供養してくれる方がおらず、ご近所の相談者さんに霊として取り憑いたのだといえます。

守護霊が嘘を言わず、本人に危害を加えないのは、生身の人間があっての守護霊であることをわかっているからです。生身の人が死ねば、守護霊も消滅します。それに、守護霊はオーラのようなその人の第二の自分のような存在です。

才能を与えてくれることも多いです。もっというと、私が鑑定をしていても、（四柱推命の）命式ではとても悪い方が大半です。それでも、その方は普通の日常生活を送り、人によっては社会的位においても成功しているわけです。これは、仮に命式が悪かったとしても守護霊が特殊な能力と才能を与えてくれたからです。

音楽でも運動でも、美的センスでも、第六感でも、守護霊はその人だけの能力を授ける、または呼び起こしてくれます。それぐらい、ありがたい存在なのです。

そんな守護霊を蔑《ないがし》ろにすると、見捨てられ、悪い霊に取り憑かれることもあります。

これはそんなケースです。

長年、仕事の相談をしに来てくれた男性がいました。具体的にはお話しできませんが、いわゆる、ダンサー・舞台俳優を目指している方です。

相談内容は毎回、仕事のことです。ただ、私が演技指導やその評価などできるわけもなく、その人の命式から運気の良いタイミングや仕事の流れ、相性などをアドバイスしていました。

そのとき、彼の後ろには90歳くらいのおじいさんの守護霊がついていました。

私が「こういう方、ご存知ないですか」と彼に聞くと、「いました」と。直系家系でとても仕事熱心な方がいたようです。

相談は大体3か月に一度でした。

あるとき、いつものように相談に来られたのですが、なんか印象が違って見えました。すると、あれほど仕事の話しかしなかった人が、急にギャンブルの話しかしないのです。話すことはパチンコにパチスロ、宝くじ、競馬……。

私が「あれ？　なんでだろう？」とその方の後ろの霊を見ると、90歳のおじいさん守護霊ではなく、別の男性が立っていたのです。

目の下に黒子《ほくろ》があり、さらに左手の薬指と小指を合わせて親指とこする動作をずっとしているのです。目の前の彼もまったく同じ動作をしていました。守護霊のクセが乗り移ったわけです。

その代わった霊に話を聞くと『俺はな、雲丹《うに》とか刺身とか、寿司が大っ嫌いなんだ！』と言うのです。とりあえずそのことを彼に伝えると「父方のおじいさんの弟（大叔父）です！」と。聞くと、寿司やナマモノが大っ嫌いで寿司屋に連れてかれては「雲丹のどこが美味しいんだ！」と怒っていたそうです。そのため、彼の父も大叔父には寿司屋に連れていってもらったことはなかったとか。

大叔父さんの霊はその次に来たとき、3か月後には元の90歳おじいさん守護霊に戻っていました。

このように、守護霊が替わることは稀にあります。

なぜ、替わってしまうのか。それはその人が、守護霊が望むことと正反対のことをやっているからです。

例えば、先ほどの彼のケースでは、仕事一筋だったのに、たまたま仲間からギャンブルを誘われ、たまたまやってみたら、大当たりして面白いと思ってしまい、それによって元の仕事熱心な守護霊に愛想を尽かされ、その隙を狙って、別のギャンブル好きな守護霊に取って替わられたのです。

守護霊も人です。感情もあるのです。自分の嫌いなことを楽しくされていては「だったら、この人の守護をしなくてもいいな。嫌いだ」となります。

守護霊は「自分も見たい、こうしてみたい」とくるわけです。生身の人間に対しても長生きして、楽しく人生を歩んでほしいと願っているのです。

それじゃあ、なぜ、自分の危機の際にその人に直接言わないのか、夢枕に立つとかしないのか、というと、これも霊界のルールなのだと私は思っていますが、本人には絶対にいえないのです。周りの人にそうなるように促すことしかできないのです。

極々稀に、本人に直接働きかけることもあるようですが、私の経験上、本当に少ないですし、皆無に近いです。守護霊にそのことを聞いても、何も答えてはくれないのです。実に、不思議です。


守護霊がころころと変わる人もいます。その場合は、得てして最悪なケースとなりますが。

劇団員の相談者がいました。演じることが大好きで、いつか表舞台に立つことを夢見ていたようです。相談もそのようなことが多かったです。

ところが、ある日、相談に来た彼は「この女性とこの女性、どっちがいいかな」とか「お金儲けの方法どうしたらいい？」さらには、「女にモテるためにはお金が必要だよね！」と聞いてくるのです。

「お金」や「女性」なんて彼から聞いたこともない言葉でした。それまでの夢を諦めて女性に走ってしまったのです。

これはおかしいと霊を見ると、それまでの守護霊とは違う霊で雰囲気もよくありません。

彼に「こういう人、いませんか？」と確認しても「いない」と言うのです。

なぜだろうと、さらにその霊を見つめていると、頭にぼんやりとストリップ劇場が浮かびました。そこで、「こういうストリップ劇場が見えたんですが」と確認すると、3週間前に行ったというのです。友達に無理やり連れて行かれたようです。どうやらそこで取り憑かれたのです。

その霊ですが60～70代男性で落ち着いていません。守護霊で落ち着きがなく、挙動不審なのは見たことがありません。その時点では私はまだ守護霊かどうかわからず、「変わった守護霊もいるんだな」ぐらいに思っていました。

とりあえず、その落ち着きない霊に「何をして欲しいのですか？」と聞くと、「この男性が女にモテるには金を稼ぐしかない！」「そうしないとこの子が生きる意味がない！」「価値がないんだ！」「お金が必要なんだ！」としか言わないのです。

これは絶対におかしいです。守護霊はそんなことは言いません。

そのときは、それで話が終わりました。

数日後、私の元にビールが届きました。彼からです。それまでお酒を飲まなかった彼が、急に飲酒を始めたというのです。

その次の相談は４か月後でしたが、お土産のワインを片手に来ました。

相談内容は女性がらみです。６人の女性からどれを選ぶか、相性を聞かれました。

彼は劇団員で見た目も女性の接し方も上手でしたから、とてもモテたのだと思います。

ただ、あるときを境にぷっつりと連絡が途絶えました。

そこからさらに数か月後、50～60代の女性がお見えになりました。

「息子が大変お世話になりました」と言うのです。聞くと、彼のお母さんでした。

彼は、なれない酒を飲みすぎて、遊びすぎて、吐血して亡くなったそうです。

私が驚き、言葉を失っていると、お母さんの後ろの方から、亡くなった彼がすっと現れて、深くお辞儀をして去っていきました。

彼の人生がここまでも変わってしまったこと、それは守護霊が去り、悪い霊に取り憑かれたからなのかもしれません。

このように、その人が今までやってきたこととは違うことをやろうとしたとき、それが守護霊が取って代わった瞬間だといえます。

勉強や仕事ではありません、ギャンブルやお酒、異性遊び、薬物などです。それこそ、事故のように、突然、くるのです。

これは覚醒剤《かくせいざい》をやってしまった女性の話です。

見ると、彼女の守護霊も腕に注射の跡《あと》があるのです。なぜ、覚醒剤に手を出したか聞きました。彼女自身は、本来はとても美しい方でホステスをされていました。その売り上げを熱を上げているホストに貢いでいたようです。ただ、貢ぐのはお店で払うお金のみで、それ以外は一切なかったそうです。

ある日、そのホストから覚醒剤を勧められました。どうやら、彼のバックにヤクザがいたようです。それまでの彼女だったら絶対に断っていたそうです。

ところが、なぜか、そのとき、彼女の腕が注射を求めるように彼の前に突き出したというのです。彼女自身「覚醒剤への恐怖よりも先に、腕が勝手に動いてしまった」と言っています。これが守護霊が取って代わった瞬間です。

覚醒剤に手を出した彼女は、見た目も大きく変わりました。肥《こ》えて醜《みにく》くなりました。心も荒《すさ》んだようです。

守護霊が変わる瞬間は交通事故のようなものです。自分で予見も対策もできません。理解もできないでしょう。ただ、突然、まったくの未知のもの、それも道徳的によくないものに興味を持つのです。

優しい方や素直な方、純粋な方の方が悪い方に行きやすいです。悪を働く力の方が強いのです。

そうならないためにはどうすべきか。やはり、日頃の行いがものをいいます。守護霊はその人の行動や生活態度、一挙手一投足をよく見ているのです。

それと、非行に走る方は本人に両親も含めて、お墓参りを疎かにしています。

先祖供養をちゃんとしてない人は、それだけ悪い力に取り込まれやすいのです。

悪い霊は自己満足のために生身の人間を使うこともあります。

娘に手を上げた母親の話です。

相談者は母親です。話を聞くと、娘を知らないうちに叩いてしまうというのです。娘さんが3～4歳の頃からだそうです。結婚して娘さんを持つまで暴力的なことをしたことがない人です。母親の顔立ちはどこか険しく見えました。

ふと、その母親の後ろの霊を見ると、その霊も目がつり上がり、きつい印象の女性です。怖い感じです。霊に聞くと、「私も母親に叩かれて育てられた。叩いて何が悪い！」と。つまり、家系がＤＶ（家庭内暴力）の家系だったのです。

また別のＤＶのケースです。

中学1年の娘さんを叩いてしまい、そこから急に暴力的になった母親が相談者です。

どうして叩いたのか、聞いてみると、こんなことを話してくれました。

不思議なことに、ある日、家にお酒が置いてあったというのです。その人は結婚前もお酒を飲んだことはありません。旦那さんも家では飲まない方だそうです。その方も旦那さんもお酒を買って帰ったわけではありません。

「おかしいな」とその方は思い、処分しようと思ったのですが、なぜか、手を出して飲んだそうです。そして、気がついたら娘さんを叩いてしまった。そこからは暴力的な行為が日常になったそうです。

おそらくは、その方も霊が取って代わってしまったのです。

ところで、多くの方が「霊が視《み》える」というと、「私も見てほしい！」と気軽にいうのですが、これはとても大変なことなんです。体力も気力も胆力も、私の持っている全エネルギーを使ってのことです。

仮に、１００のエネルギーがあったとします。１日の鑑定が１００だとすると、均等に割ると、一人につき10のエネルギーを使うわけです。そうしないと、全員の鑑定ができません。

ですから、全員の霊視をするということはありませんし、できません。

私としては占術（主に命術）での鑑定で終わるならば、それに越したことはありません。

とはいっても、そうはいってもいられないケースもあります。それこそ、全エネルギーを使ってでも霊視をする必要があります。

これは例外の話です。

お母さんが娘さんを連れて相談に来ました。

娘さんがあるときから高熱を発症して倒れたそうです。湿疹《しっしん》が出ているのです。

大病院をいくつも回ったのですが原因は不明で、お寺にお祓《はら》いを受けてもダメでした。それで、最後の最後に、私のところに来ました。お母さんが「先生が最後の砦《とりで》です」と懇願してきました。

それでも、私はいつも通り、10の力で鑑定を始めました。正直、あまりわかりませんでした。ただ、鑑定中に「隣人」という言葉が浮かびました。それしかわかりません。「なんだろう?」と思っていると、娘さんの守護霊、90歳の女性でした、が、しきりに娘さんの胸元を無言で指し示すのです。見ると、娘さんが大事にお人形を抱えていました。

どうやら守護霊のおばあさんは、その人形を娘さんから私の手に渡してもらいたいようでした。

娘さんに「そのお人形、お兄ちゃんのぬいぐるみ（近くにあったぬいぐるみです。子供は「貸して」と言っても嫌がります。そうではなくて、「これとそれを返っこしようか」と言うと渡してくれます）を返っこしようか？」と聞きました。すると、守護霊のおばあさんも人形を私に差し出すように両手を前の方にやるのです。

娘さんは「いいよ」と交換してくれました。お母さんはとてもびっくりしたそうです。それまで、誰にも触らせなかった人形を差し出してくれたのですから。

人形に触れると、とても熱く感じました。刺さるような、刺激が強い熱さです。それと同時に、髪の長い女性の後頭部だけが見えました。

「これはなんだろう」と思いましたが、まだ正体がわかりません。

「この人形、どこで買ったものなんですか？」と母親に聞きました。すると

「いえ、それは頂き物です」と。

私はピンとくるものがありました。その人形の「中」を見てみたい。ただ、それは娘さんが絶対に嫌がります。

よく見ると、ほつれ糸がありました。

そこで、「このお人形、ちょっと怪我をしているね。お兄ちゃんが直してあげようか」と娘さんにその箇所を見せて言いました。娘さんは「うん」とうなずきました。

そこで、娘さんにはあまり見えないようにしてほつれ糸から人形の中を探ってみました。

綿の中には大量の髪の毛と白い和紙が入っていました。

娘さんには見せられないので、お母さんにその大量の長い髪を見せました。

お母さんの表情が変わりました。「お隣さんだ！」と。

なぜ、そうわかったのか。聞くと、もともと長い髪だったそのお隣の女性の方が人形をプレゼントするタイミングでショートカットに変わっていたそうです。今まですっと長い髪だったのに、急にショートになって違和感を覚えたそうです。

私は白い半紙も広げてみました。そこには「死」と「呪」とある真言（それも素人にはわからないような）が書かれていました。明らかに、これは呪いの人形です。

このまま娘さんが持っていていいはずがありません。

私は娘さんに「このお人形、お兄ちゃんのところで入院してもらってもいいかな」と。娘さんは最初は難色を示していましたが、守護霊のおばあさんも差し出すように差し出すようにと手を前に出します。娘さんは「いいよ」と言ってくれました。

その後、お預かりした人形は大切に供養をしました。

合わせて、そのお母さんにある供養もお願いしておきました。それは、お隣の方の玄関の前両脇にお線香を3本炊いてもらい、その灰を玄関両脇に撒《ま》いてもらい、後ろを振り返らずに帰宅してもらうのです。それを1週間続けてもらいました。

結果、娘さんの高熱も湿疹もきれいに治りました。

あとでお母さんに話を伺うと、そのお隣さんは娘さんをとても可愛がっていたようです。ただ、どうやら、その家庭にはお子さんがおらず、妊活をしていたというのです。

おそらくは、その方は娘さんを呪い、亡きものとしようとしたのでしょう。そうすれば、同じ子供がいないもの同士となり、さらには、自分は妊活をしているから相手よりも上に立てるのでは、と。妬みが生んだ悲しい話です。

ただ、それもこれも、守護霊の助けがあってのものだと思っています。

私がいつものような力で見ているだけではわかり得ないこと、感じ得ないことばかりでしたから。

これも守護霊が生身の人間を護りたいという思いから生まれたのだといえます。

ところで、私もユーチューブを始めて霊関係の相談が多くなりました。そのため霊符を書く回数も増えました。わからない霊、どういう霊かを見るための霊符が多いです。これは万人に共通のものです。

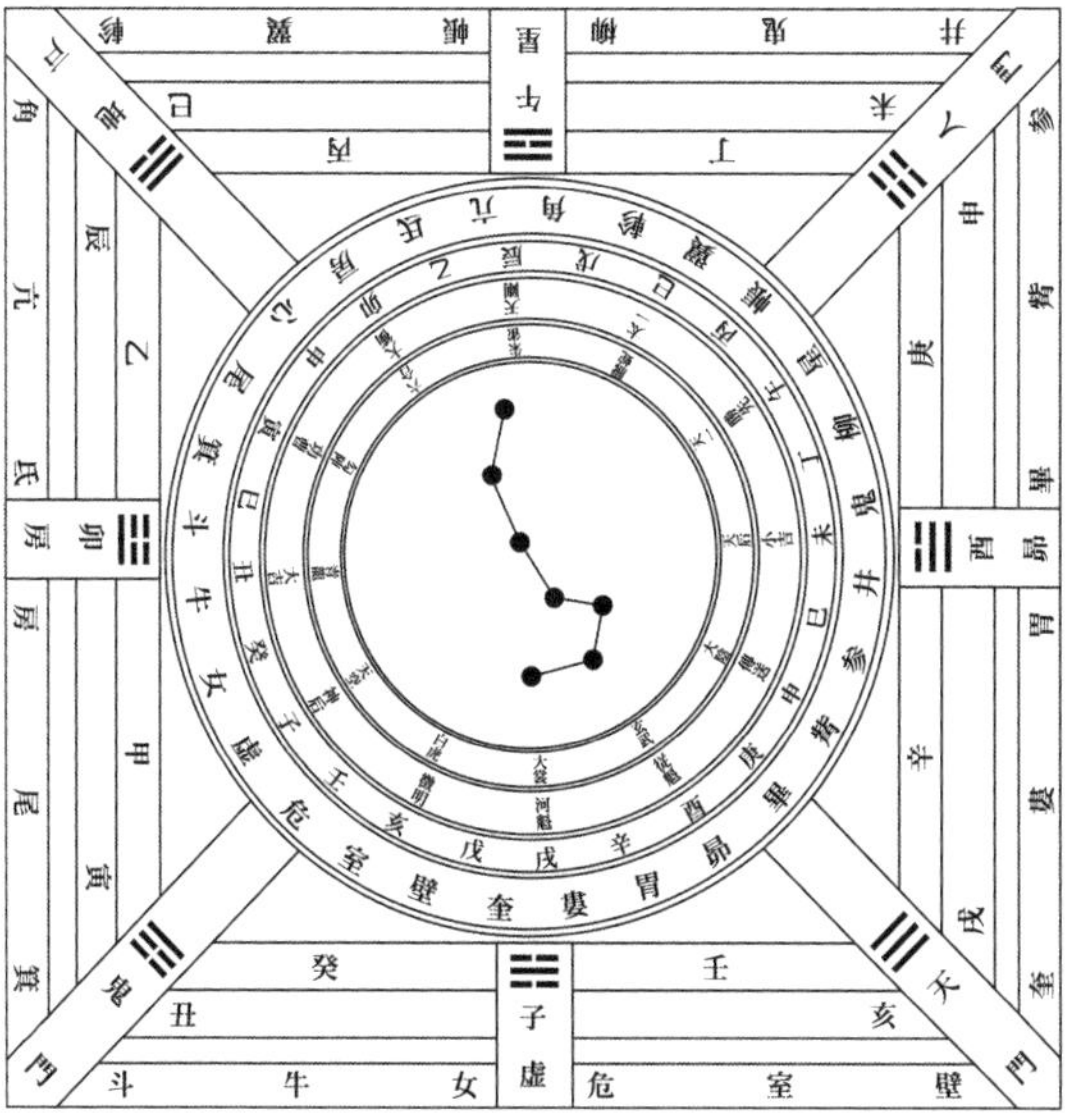

六壬栻盤

生き霊の話

「生き霊《いりょう》」とは、生身の人間の霊が相手に飛んで取り憑《つ》くことです。付き合っている相手に自分の霊が行くことです。

よく、「霊が憑いている」といいますが、私は「霊が憑いています」とは言いません。

ちなみに、生き霊と守護霊の併存はあります。

生き霊は離れて憑くのです。だいたい1~3メートルくらい離れています。

生き霊は生身の人間に悪さをするわけですから、守護霊が生身の人間を護るために生き霊を退散させないのか、というふうに思われる方もいるでしょうが、それは無理な話です。守護霊は自分自身のことだからです。

そんな生き霊を避ける方法ですが、一番簡単な方法として、私自身は使用したことがありませんが、犬の歯（乳歯または自然と抜け落ちた歯を用意してください）を舐《な》めさせることです。家の番犬、「お狗様《いぬ》」というくらいですから、犬には「護る」力があるのです。

それと、生き霊を退けるには神棚や仏壇へのご飯のお供えです。お供えして先祖供養すると家系の守護霊が力を貸してくれます。そうして、生き霊に圧をかけることで生き霊が逃げるわけです。

生き霊の問題を相談されるケースもあります。

多いのは恋愛です。

家庭ある男性と女性の相談です。その女性が鑑定に来られました、その女性の後ろに男が立っていました。生身の人間と思うばかりですが、生き霊でした。その女性は、常に男性に見張られているような感じがあるようです。

相談を受けて、私は「魚の肝（このときは秋刀魚《さんま》でした）を少しだけ、3日間食べてください」と伝えました。そうすることでその方の守護霊が強くなり、生き霊を追い払うことができます。

守護霊の力がはっきりと強くなると、守護霊の顔がはっきりと見えてくるのです。イメージとしてポラロイド写真が徐々に浮き上がってくるようなものです。

生き霊は自分の執着が念となって相手に飛んでいってしまうものです。これは本人も自覚はありません。

周りの人も生き霊を普通に見ます。それこそ、誰もが違和感なく見ます。「あれ、あの人、いるよね」と。

ちなみに、生き霊は物を動かしません。物を動かすのは霊です。

物を動かすことはありませんが、シミとなって出てくることはあります。

ある方の相談を受けた話です。

そのお宅の壁にシミが出てきて、それが人形になりました。それはままある話です。

人形がどんどん広がって、人として完璧なかたちとなり、さらにその人形がメガネまでかけているのです。

私が相談者に「こんな人、いませんか?」と聞いてもいないのです。周りにも心当たりもないのです。

そこで、ＳＮＳで検索してもらいたいました。ＳＮＳでは「あなたと知り合いかも?」として出てくるのです。すると、「あ、この人だ!」と。聞くと、よく行くスーパーで働いている方でした。この方の片想いの念が生き霊となったのです。よくも悪くも、今の世の中らしい話です。

人に人気が出る芸能人は特に生き霊が憑きやすいです。男性女性を問わずに多いですね。もしくは、演じることが多いので飛びやすいのかもしれません。

生き霊は相手を想うことでなることが多いのですが、その思いは「呪い」ということもあります。

相談に来られた方は25歳くらいの女性の方です。

お話を聞くと、最近、調子が悪いというのです。

また、妊活がうまくいっていないとも。

鑑定中、「クスクス」と笑い声が聞こえました。見ると、女性が立っていました。守護霊ではありません。普通に、その女性に同伴してきたかのように見えます。

悪い霊かとも思ったのですが、とても表情豊かです。これは生き霊の特徴です。霊よりもより人間に近く、感情豊かなのが生き霊です。

ショートカットでオレンジ色のシャツを着て、薄手のジーズンを履いています。

私が相談者に「こんな人、周りにいませんか？」と聞くと、「私の友人です！」と驚かれました。

話を聞くと、いつも相談に乗ってくれる女性で、とても親身で優しい人だそうです。

ただ、その人は結婚もせず、恋人もいなかったそうです。

これも、相手の怨念が生き霊となったのかもしれません。

ここで、簡単な霊の除き方をお教えしたいと思います。これは万能的な方法ですが、ちょっと力の強い霊や悪い霊には効きません。市販の風邪薬のようなものだと思ってください。

まず、赤い鳥居に行ってもらいます。場所はどこでも構いません。日にちは問いませんが、夜の9時以降に行ってください。日没後というのが大事です。日没は陰となり霊が出やすいのです。

それと雨はダメです。晴れか雲の日にしてください。

持っていくものは10円玉6枚です。

鳥居に向かって右の柱を反時計回りに回ります。そして、後ろ向きで10円玉を

1枚神社内に投げ込みます。それを6回繰り返します。

その後、普通に詣でます。二礼二拍です。または三回鈴を鳴らすのでもいいです。

そこで、「このお金はお預けします。よろしくお願いします」とはっきり言います。この言葉は間違ってはいけません。

そのあとは、落ちている10円玉も拾わず、一切、言葉も言わず、後ろを振り返らずに帰宅してください。何か言葉を発する、または振り返る、立ち止まると、自分に取り憑きます。

これは投げ入れた10円玉に取り憑かせる狙いがあります。また、6回にも意味があります（六道輪廻《ろくどうりんね》です）。また、神社に許可を取ることも忘れずにしてください。

雨のときは傘が必要ですから避けましょう。

そこで、雨が降っている場合は十字路の角でもいいです。いわゆる、四辻《よつじ》です。

その角、これはどこでもいいですが、10円玉6枚を置いて、お線香3本を炊きます。すべて燃え尽きてから無言で振り返らずに帰宅します。

霊視鑑定において困ることがあります。

それは、私の力が強いのか、それを霊に事前に察知されて、鑑定当日、この事務所に相談者と一緒になって憑いてこないことです。

相談者が散々自宅などで不調を訴えているのに、ここに来たら「体が軽くなった」とか「よくなった」というのです。当然、霊は出てこないのです。

そうなると、私としても鑑定、特に霊視のしようがありません。(四柱推命の)命式でかろうじて運気などを見るにとどまります。ある程度は、占いでどんな霊がついているかわかりますが。

そうして、相談者が帰宅するとまた、再発するのです。これは困りました。除霊もなにもできないからです。

得てして、生身の人間に悪さをする霊はそういう傾向があります。

そういった場合は、お札を書いて家でもできる供養をお伝えして、長い目で対応してもらうようにしています。

それと先ほども言いましたが、気軽に霊視はできません。

たとえるなら、1キロ全力疾走するぐらいに疲れるのです。みなさんもいきなり「全力で1キロ走ってください」と言われたら、できないと思います。

鑑定はその人の人生のターニングポイントなわけです。責任が重いのです。今日と言う日は二度と来ないです。今日を生きることが良い生き方です。だからこそ、いい加減なことは言えませんし、私としては常にできるかぎり全力で取り組んでいます。

霊を見るための方法

霊を見るための訓練というのがありますが、そもそも、その人にとって、見やすい方向というのがあります。つまり、右側で見るか左側で見るか。これは、その人の命式から判断します。

例えば、ある人の命式を見て、「左側」だとわかります。この人は、自分の右手側は片付きません。机の上もごちゃごちゃしているはずです。その分、左はきれいで集中できます。ちょうど、右利きの人が左手側に教科書を置くような感じです。

具体的にはこうです。水の入ったペットボトルを2本用意してもらい、自分の中央に置きます。それを集中して見つつ、左側に意識を向けるのです。一週間ぐらい続けると、左側にぼんやりと白いモヤや玉を見えることができるはずです。ただ、これは見えるための訓練にすぎません、本当にお勧めなのは、寺社仏閣、特にお寺で何時間も坐禅をすることです。他にもいろいろと方法はあります。

よく、子供の頃には霊が見て大人になると見えなくなるといいますが、それは本当です。というのも、邪念があると霊が見えないのです。子供は純粋ですから、見たままに「見ます」。

大人になると、知識がついてきて、「こういうのが霊なんだ」とか「こういった現象はこういう科学的要因なんだ」と勝手に決めつけてしまいます。これでは霊は見えません。

霊を見るには精神状態が一番重要です。

そのためには、自分を精神的に追い詰めることです。追い詰めるとは、何かに一点集中することです。その集中力を消さないことです。

実際、私が護摩焚《ごまだ》きの修行をした際、そこには35～36人の修行僧がいましたが、全員が霊を見ました。幻覚というかもしれませんが、それは違います。全員が、白い法衣をまとったお坊さんを見たのです。これは霊です。ただ、これは一過性のものです。修行が終われば霊を見る力は失われます。精神的な追い込みが大切なのです。

また、集中すると霊が見えるというのは嘘です。以前見えた感覚＝精神状況が重要なのです。

また、スイッチが入るといやでも霊を見ることができます。これはその霊とつながったということです。ですから、Aさんという霊が見えると、その霊はずっと見えます。

話が霊から座敷童子《ざしきわらし》（座敷わらし）に変わりますが、私は緑風荘《りょくふうそう》（岩手県二戸市金田一の温泉郷にある旅館で、「座敷わらし」に出会えるといわれています）に数え切れないぐらい訪れています。目的は座敷わらしと会うことです。そこで、北海道から来られたおじさんと会いました。

おじさんは126回も緑風荘に通って、127回目に座敷わらしを見たそうです。なぜ、127回目で見えたのか。それは、それまでおじさんは「座敷わらしを見えたらいいな」という程度の気持ちだったそうです。それが127回目では「絶対に座敷わらしに会いたい！」と強い気持ちになったそうです。それが大事です。

私もある女の子の座敷わらしとつながってから毎回会います。ただ、メインとなる「亀麿《かめまろ》」さんとは滅多に会えません。

緑風荘の「槐《えんじゅ》の間」に泊まることが条件なのですが、私が行った際は女性二人組がそこに泊まっており、私はその部屋に泊まることができません。ただ、とても運が良いことに、二日目、その二人のご好意で、連泊で槐の間で泊まることができました。

私は寝る前からずっと「会いたい、会いたい、会いたい！」と強く思いました。すると、まず明け方の夢で亀麿さんに会えました。亀麿さんは会った人の夢を叶えてくれるといわれています。

私は亀麿さんに「私の夢は、多くの人助けをすることです。」と言いました。すると亀麿さんは「2か月後にあなたに電話が来る。その電話に出ればテレビ番組に出演できる。そうすれば、あなたの願いは叶う。多くの人を助けられるだろう」と言いました。

ふと目を覚ますと朝4時です。枕元に亀麿さんが立っていました。夢の内容をもう一度聞くと同じことを言いました。

その2か月後に私のところに電話が来ました。その電話に出たことで、テレビ番組「クチコミ」に出演することができました。そして、多くの人の注目を集めて人助けをするという夢を叶えることができたのです。

霊を見るには周波数を合わせることが必要です。見えないときは周波数を変えることです。具体的かつ最適な方法は、その本人(霊)の話をすることです。興味を持つことで霊との周波数が近づいてきます。

霊を見るには、その人の遺影を家のドア突き当たりに置き、その四方に方位磁石を置きます。15分くらい経ちますと、どこか1か所が壊れます。壊れたら方位磁石をすべて取り除きます。すると、遺影から霊が出てきます。

ただし、このような話をしても、実際にやる人が少ないです。みなさん、怖がっているのかもしれません。

「怖がる」とか「構える」と霊は見えません。霊も人ですから、こちらが警戒すれば霊も構えます。繰り返しますが、大切なのは、子供のときの気持ちを作れるかどうか。変に構えては絶対に見えません。

ちなみに、その人の宗教観や信仰心は霊視と関係ありません。どのような宗教であっても、その人の想いがあれば霊は見えます。

私はよく「霊が見えるというなら、神様を見たり声を聞いたりできるのでは？」と聞かれますが、神様を見ることができませんし、声を聞くこともありません。

仮に寺社仏閣などで神の声を聞いたというのであれば、それは守護霊の声です。

神様の話が出ましたので、神棚について話しておきます。

私はどんな神棚でもいいと思います。大切なのは正しい作法よりも、毎日、続けることです。

神棚は枠組み（＝雲板《くもいた》）を作るのが重要です。木の板に置くだけでは固定されませんので、神様は逃げてしまいます。作る日にち（日取り）はいつでもいいですが、六曜や宿曜を見ながら、時間帯は午前中がいいのではないでしょうか。

神棚で一番やっていけないのは、神棚と仏壇を一緒の部屋や隣同士で置くことです。これはそれをされている方が意外と多いです。

仏様は陰で神様が陽です。陰陽合わさっては混沌《こんとん》となります。嫁入りできない人はかなりの数、神棚と仏壇が隣同士です。

神棚の作り方のついでに、私がオススメする座敷わらしの御神体の作り方を紹介します。

用意するのは、竹櫛《たけぐし》と日本人形と鏡（円鏡か御神鏡《ごしんきょう》）です。これを木箱に入れて家の屋根裏か柱の中に埋めます。方位は東北（乾《けん》の意味で子供を示します）です。これは新築かリフォームのときに行うものですから、既に完成した家や分譲マンションではできません。ただし、これはかなりの効果があります。

気の悪い家で実験をしたことがあります。結果、八卦鏡《はっけきょう》は86人中68人、円鏡は46人中39人、破魔矢《はまや》は120人中76人、赤石は38人中36人に気の浄化効果がありました。

既に家を建てた方や分譲マンションの方は座敷わらしの御神体ができませんから、その代わりとしてはペットがいいです。犬でも猫でもなんでもいいです。愛情を持って育ててください。

ペットも難しいなら、直系で面識ある親族の遺影です。遺影を置き、お水とご飯を毎日供えてください。一番効果的です。


ペットの霊の話の前に私自身のペットの話をします。

私にはつい先日まで愛犬がいました。ダックスフントの愛犬しゃいんです。寿命をまっとうし、大病と格闘した末に天国に旅立ちました。

とても悲しかったです。その思いを手紙にしたためました。「しゃいん、ありがとう。ペットの霊の世界でもいいけど、父の隣にいてくれると私は嬉しい」と。それと合わせて、亡き父にも手紙を書きました。「そっちにしゃいんが行くけど、もし、お父さんの隣にいてくれるなら仲良くしてあげてね」と。遺骨に六文銭も合わせて入れてます。

その後、あるときから父の写真がニコニコしているのです。私は「ああ、しゃいんはお父さんと一緒なんだね」と嬉しく思いました。

遺影を見るときは常に同じ角度から見てください。それも毎日。そうすると表情から読み取れます。

安倍晴明公・掛軸（安倍晴明神社所蔵）

動物（ペット）の霊の話

ペットの霊を見るには、ペットの写真を置くことが必要です。
それと、これは声を大にして言いたいのですが、ペットは言葉を話しません！
イメージが飛んでくるのです。私はそれを言語化して相談者に伝えます。

ある相談者の話です。私の事務所で鑑定をしていると、相談者の足元に黒いチワワがくるくると駆け回っているのです。
私が相談者に「黒いチワワを知りませんか？」と聞くと相談者は「最近まで

飼っていました。今は亡くなっていますが」と驚くのです。そこで私は黒いチワワに「何か伝えたいことはあるの?」と聞いてみました。すると、イメージが飛んできました。不自然なロープ、先に輪っかができたものです。

私がメモ用紙に「こんなロープに見覚えがありませんか?」と相談者に聞くと、「それ、うちのペットが大好きな遊び道具です!」と。ただ、一緒に焼くことはなく、家に保管しているのだそうです。

私は「わんちゃん、遊びたがっていますよ。そのロープを遺影の隣に置いてあげてください」と言いました。

また別の話です。

遺影を見させていただきました。写真には2匹の犬です。

黄色いボールのイメージが私に届きました。私はそのことを相談者に伝えると「小さい頃、とても好きでした」と言うのです。私は「同じようなものでもいいので、黄色いボールを置いてあげてくださいね」と言ってそのときは終わりました。

1年後、その方がまた鑑定に来られました。私はそのようなことをお話ししたことを忘れていました。

鑑定中、犬の霊が私の足元で遊んでじゃれています。

と、そこに黄色いボール（の霊的存在）もコロコロと転がってきたのです。私は驚いて「わんちゃん、黄色いボールで遊んでいますよ」と相談者に伝えると「先生、忘れたんですか？　ペットの遺影に黄色ボールをお供えしてくださいって言ったじゃないですか」と。

お供えしてもらうことで、霊的なボールとなってそのわんちゃんと遊び道具となったわけです。

ちなみに、犬や猫は色がわからないと言われていますが、このケースを見る限り、色をわかっていると思います。なぜなら、私は「黄色ボール」と見えたわけですから。

ペットではありませんが、狐の霊を見たことがあります。

私が出演しているユーチューブの心霊番組の撮影で、とあるお家に伺ったときのことです。　そのお家に入ると、突然、狐の霊が現れました。狐が「近くの神社にいる。背中が汚れているから拭いてほしい。目印は黒い正方形の建物だ」と言うのです。その家の方に話をすると、家から車で2分のところにそのような神社があるとのことでした。

急いで向かうと、本当に狐（お稲荷さん）があり、背中がとても汚れているのです。きれいに拭いてあげました。

その後、神社を回っていると、カメラマンが「何か大きい動物を見た。犬でも猫でも狸でもない」と。これはお稲荷さんがお礼しにきたのかもしれません。

ところで、なぜ、お稲荷さんがその家で出たかというと、ちょうどその家が町内会の掃除当番だったのです。きれいにしてほしいという想いが出たのでしょう。

狐というと「狐憑《つ》き」を思い浮かべる人がいるかもしれませんが、私はそうは思っていません。もし、仮に憑くのならば、それは豊川稲荷の狐だと思います。お狐様は願いを叶えた後のお礼参りを疎かにすると憑くのです。バチが当たったと思うべきです。

私自身、変わった体験をしました。

先日、愛犬しゃいんを亡くし、次にチワワを買いました。そのペットショップでの話です。

ある日、ペットショップに行くと警察官が体長1メートル近くの大きなトカゲを保護して持ち込んでいました。トカゲを見たら、なぜか、赤いダルマのイメージが浮かんできたのです。不思議に思ったのですが、そのペットショップとは懇意にしていますし、後日、赤いダルマを持っていき、店長に事情を話して一緒に入れてあげることにしました。すると、そのトカゲは赤いダルマのそばに行き、大事そうにすりすりと体を擦りつけるのです。

おそらくですが、飼われていたときに、赤いダルマをずっと見ていたのでしょう。捨てられて寂しかったトカゲにとっての精神安定剤だったのです。

このトカゲもそうですが、捨てられたペットの恨みは怖いものがあります。

不動産投資をしている、タトゥーの入った、ちょっとやんちゃな相談者がいました。その方が鑑定の雑談で「今度、犬を飼うんだ」と言うのです。私は「ああ、それはいいですね。ぜひ、大切にしてあげてください」と答えて、そのときはそれで終わりました。

少ししてからまたお見えになりました。

私が「飼われたペットはどうですか?」と聞くと「邪魔だから山に捨ててきた」とい言うのです。あまりにもかわいそうです。私はその犬のことを案じました。

さらにそれから半年後です。その方が鑑定に来ました。

「どうも仕事運が悪い。お金が出ていくだけだ。どうしたらいいんだ」と嘆いているのです。そこでその方の命式を作成して鑑定していると、机の上に小さな犬の霊が見えたのです。それも、かなり怒っています。相談者を睨《にら》んでいるのです。

霊として出るということは、その犬は亡くなっています。私は悲しい気持ちになりましたが、その方に「あなたが飼って、邪魔だからと捨ててしまったわんちゃん、とても怒っていますよ。恨んでいますよ。霊供養されてはどうですか？」と諭《さと》しました。

その方は、だいぶ反省をして、言われた通り、ペット供養をしたそうです。自宅近くの神社で供養し、次にお寺で供養、さらに不安だったので大きい神社でも供養されたようです。さらにその後、動物愛護への寄付も継続しているそうです。

すると、その方は、このコロナ禍《か》（２０２０年春にお見えになりました）の中、本業が回復し、仕事運も順調だというのです。

このように、ペットであっても供養は大切なのです。

ペットの供養ですがお線香よりもご飯、ペットフードがいいです。

それと、ペットを自宅の庭に埋める方もいますが、あまりお勧めはしません。埋めると「家の守神」となります。そこにずっといるならばいいのですが、そうでないならばしないほうがいいでしょう。

なにより、ペットが神様となると、他のペットの霊と遊ぶことができませんから、寂しい思いをするはずです。

やはり一番はペット霊園に入れてあげることです。

そして、一生、その子を忘れないこと、ご飯を供えること、新しい家族（ペット）を向かい入れた際は、その子を亡きペットの代替ではなく、新たな家族として可愛がることです。

もう一つ、月命日にはそのペットの好きなものをお供えしてあげてください。

生前に遊んでいた道具を一緒に置いておくのもいいです。それで遺影に対して思い出話などもしましょう。霊は会話が大事です。話しかけると霊は答えてくれます。それは私が保証します。

ところで、今、話しかけることが大事だといいました。

これについて少し興味深いものがあります。

以前、アメリカのある科学者が二つの水を用意して、一つには罵声《ばせい》を浴びせ続け、もう一つには褒《ほ》め称《たた》えた言葉投げかけ続けました。すると、数日後、罵声を浴びせた水は褒め称えた水よりも早く腐ってしまったのです。

私はこの話を聞いて実験をしてみました。

用意したのはお酒です。同じお酒2本用意して、1本は毎朝祝詞《のりと》をあげます。もう1本は何もせずに玄関に置きっぱなしにしておきました。

一週間後、友達二人が遊びに来たときにテストです。

私とAくんは祝詞のお酒、Bくんには玄関に置きっぱなしのお酒を出しました。もちろん、二人にはこの話はしていません。

すると、私とAくんは「これ、おいしいよね」と頷《うなず》き合うのですが、Bくんだけ顔を歪《ゆが》めて「いや、おいしくないよ、変な味がする」と言うのです。瓶をいろいろと見ては「おかしいな」とつぶやくのです。

そこで、祝詞を上げたお酒を差し出すと「あ、これはおいしいよ！」と言うのです。

この話をある相談者にしたら「私も実験してみていいですか？」と言ってきました。

その方は、サボテンで実験をしたそうです。

同じ大きさ品種・状態のサボテンを同じ場所に置いて世話をします。

ただし、一つのサボテンには仕事の愚痴《ぐち》とか不満を毎日言います。もう一つにはその方の願いや夢、目標などを聞かせました。

すると、愚痴を言ったサボテンは枯れてしまったのです。枯れたサボテンには悪いことをしましたが、これも何らかの言霊《ことだま》なのでしょう。

私は興味がますます湧いて、そのサボテンの話を別の相談者にすると「じゃあ、私は家庭菜園でやってみます」となりました。

その方はトマトを育ててやってみたそうです。

同じ苗に同じ畝《うね》です。一つは「おいしくなれ、おいしくなれ」と声をかけたそうです。もう一つは「さっさと早く実をつけてくれないと困るんだけどなー」と厳しい命令口調で育てたようです。

結果、優しく声かけしたトマトは実りの数も大きさも味も立派だったそうです。家族全員、普段、野菜嫌いなお子さんまでもが「おいしい」と言ったそうです。その反対に命令口調で育てたトマトは実りの数も少なく、完熟せずに青いままが多かったそうです。それでも青いトマトに罪はありませんから、その実験されたご家族は料理を工夫して、青いトマトもすべてきれいに食べられたそうです。

このように、ネガティヴなことを言わないのは大事なことなのです。

たしか、イギリスのオックスフォード大学だと思うのですが、二つのグループに分けて言葉遣いの実験をしたそうです。

あるグループでは会話においてネガティヴな言い回しや汚い言葉は禁止させます。もう一つはそのまま、ないしは意図的に汚い言葉や強い口調を使ってもらうようにしました。

3日間一つ屋根の下で暮らした結果、ネガティヴなことを言わないグループは血液検査で正常値を示したそうですが、もう一方のグループでは常に口論が絶えず、血液検査でも異常値が見られたようです。やはり、否定的な感情は心身をむしばむのです。

これは私がいつも言っていることですが「怒り」では何も解決しません。どんな仕事や状況でも平常心を失わないこと、怒りは相手にも嫌なイメージを残します。怒らなくても対処できる力を身につけ、そのような心持ちをすべきなのです。

話をペットの霊に戻します。

私が一人暮らしをしていたときのことです。

ハムスターを飼っていました、名前は「ハム」です。ハムスターは寿命が1年ぐらいですが、ハムは2年半と長生きしました。歳をとってからは腫瘍ができ、それを切除する手術を繰り返し、合計8回も手術をがんばりました。

亡くなってから、住んでいたアパート（平屋でした）の庭に大家さんの許可を得て埋葬しました。ただ、その後、アパートが建て替えのために私は退去することになりました。

それから8年後、私は福島県郡山市で本格的にオフィスを構えて、鑑定事業を始めました。

ある日、自分が住んでいたそのアパート、いまは立派なマンションが2棟建っているのですが、そこにお住まいの方が相談に来ました。

その方が「夢でハムスターをよく見るんです」と言うのです。さらに「子供も『家の中にハムスターがいる』というのです。お子さんはそのハムスターに「ハム」（！）と名づけているのだそうです。

また、別の日に、その方とは違う部屋の住人が親子三人で相談に来られました。驚いたことにハムスターも一緒です。すると、鑑定中、そのハムスターが私の足元に擦り寄って来たのです。

ハムスターを飼われた方はわかると思いますが、ハムスターは家族以外にはなつきません。そのハムスターが初めて見た私のところに来たのです。

もっと驚いたことがあります。私のところでじゃれているハムスターに対して、そのお子さんが「ハム！」と言いました。

これには本当に驚きました。

全く面識のない、私と二組の相談者、その相談者は同じマンションです。

きっと、私のハムが恩返しに来てくれたのかもしれません。

動物は人を助けます。

昔、柴犬を飼っていた相談者が来られました。とても大事にしていたそうです。その方はやがて結婚し、女の子が産まれました。柴犬と女の子はとても仲良しだそうです。ただ、柴犬にも寿命があります。4年後、柴犬は亡くなりました。

女の子が6歳になったときの話です。

横断歩道の向こう側に買い物帰りのお母さんを見つけたその子は、お母さんのところに行こうと道を渡ろうとしたのです。

お母さんが「危ない！」と思ったら、犬が女の子の服をくわえて抑えていたのです。女の子は道路の前で転び、車にぶつかることなく助かりました。

お母さんが駆けつけると、犬は見当たりません。見たのは柴犬の霊です。柴犬の霊が助けてくれたのです。

ペットを愛情を持って育てると恩返しは必ずしてくれます。

これは私の相談者が、とある有名な心霊スポットに行ったときの話です。

その心霊スポットで、白い着物を着た女性を見たそうです。怖くなり家に急いで帰ってきたのですが、どうやらついてきたらしく、怪異現象などでうなされる日々が1週間も続いたそうです。

そのような中で、私のところに相談に来られました。

私は「猫を飼っていませんか？」と聞くと「昔、猫を飼っていましたが、いまはいません」と。それなら「猫の遺影を枕元に置いてください」と伝えました。

その方は言われた通り、その夜から、猫の遺影を枕元に置きました。

すると、その日からピタッと怪異現象が止まったのです。

その後、平穏な日が続いたようですが、あるとき、棚からモノが落っこちたのです。不思議に思って、そこの写真を撮ると、そこには猫の姿が写っていました。

おそらくは、愛情を持って育てたその猫が、今でもご主人様を守っていてくれているのだと思います。

ペットを飼ってなくても動物霊からの助けを得ることはあります。

泳ぎの上手な方がいました。夏、友人たちと川へキャンプに行ったそうです。流れもそれほど速くない、浅い川でその方は泳いで遊んでいたそうです。と、急に腕を強い力で掴《つか》まれて川底に引き込まれました。見ると、女性が腕を掴んでいたのです。

泳ぎが得意だといっても掴まれていては何もできません。

彼は苦しむ中で、「ああ、このまま死んでしまうのか」と思ったそうです。と、彼の中に犬のイメージが浮かびました。

すると、犬が彼の首と肩の間を噛《か》み、引き揚げようとするのです。

結果、彼は無事に水底から生還しました。見ると、腕には女性が掴んだであろう跡がくっきりと、それと、首と肩に犬の噛み跡のようなものがありました。

彼は犬を飼ったことがありません。ですが、彼のおじいさんは愛犬家だったそうです。その恩返しなのかもしれません。それともう一つ、彼のおじいさんは極度のカナヅチだったそうです。

犬とは縁がなかった彼ですが、この一件を通して、今はドッグトレーナーとして活動を続けているそうです。


私の身近な、といっても少し遠い関係なのですが、私の地元の寺の住職の奥さんの弟さんがいます。彼は動物園関連の仕事をしていました。

彼の住むマンションは地元では有名な「お化けマンション」と言われていました。

彼が「うちも心霊現象が起こる。一度、見にきてくれないか」と言うので行ってみました。

訪れると、たくさんの亡くなった犬の写真に驚きました。

それだけでも霊が出るのには十分なのですが、深夜1時すぎ、「カサカサカサ」とフローリング床を擦り歩く音がするのです。

その音の出所を探ると、その部屋には壁一面に大量の犬の写真がありました。

お化けマンションの原因は彼だったのです。お化けマンションといっても、変なことや悪いことは起こりません。たんに亡くなった犬が霊となって寂しくて集まっていたのです。

私は心を込めて供養をしてあげました。

このように、動物、ペットに携わる人や場所は霊がよく集まります。

そういう意味では、動物病院はよく「出る」かもしれません。

私のペットがお世話になっている動物病院があります。

そこで、私はおばあさんと猫が一緒に仲良く通院するのを見ました。

「あれ、あのおばあさんはよく見かけるけど」と思って、獣医さんに聞くと「飼っていた猫は先日、亡くなったんだよ、今日はそのお礼に来たんだ」と。

私が見たのは猫の霊だったのです。

動物病院に来る霊はみんなニコニコしています。恩返しで来ているからだと思います。

また私の愛犬、しゃいんの話ですが、この子は注射の後や食事のときに、キョロキョロと周りを見て確認するのです。

例えば、ご飯を食べるときも、まずはご飯を見て、獣医さんを見て、看護師さんを見て、私を見て、家族を見て、で、さらに私の隣を見るのです。そこには誰もいないのに。いや、しゃいんにはお友達が見えているのかもしれませんが。


動物がたくさん集まる場所といえば、ペットショップもあります。

私はここで悲しい霊を見ました。

とある激安ペットショップさんに行ったときのことです。

ゲージには多くのワンチャンが遊んでいます。

と、その隅に、一匹、苦しそうにうつぶせになっている子がいるのです。

私が家族に思わず「あの子、どうしたのかな?」とつぶやくと、「そんな犬、いないよ」とショップの中にいた人の霊が教えてくれました。

つまり、あの子は何らかの事情で亡くなったのでしょう。その悲しみが霊となって現れているのです。その場で私は心からの供養をさせていただきました。

猫よりも犬の方が経験上、霊として恩返ししてくれることが多いですが、猫の話も紹介したいと思います。

私の自宅近所に猫が集まる寄合所があります。

私は毎朝、そこを犬の散歩コースとして通り過ぎているのですが、ある日、母猫が子猫をくわえて前を横切りました。

私が手を振ると、母猫は加えていた子猫を落として逃げました。「なんだろう」と思って子猫に近づくと、既に死んでいました。母猫は死んだ子猫を大事にくわえていたのです。

私は子猫を可哀想に思い、いったん帰宅して、お線香とお水を持ってきて、その子猫を近くの空き地に埋めて、お線香とお水をお供えして供養してあげました。

その後、しゃいんと散歩するたびに、その埋めた場所で楽しそうに尻尾を振りながら吠えるのです。おそらく、しゃいんには亡くなった子猫の霊が見えるのかもしれません。私には見えませんが。

それと、母猫はそれから私が手を振ると、格段愛想がよくなったわけではありませんが、優しい声で一鳴きしてくれます。感謝の気持ちなのかもしれません。


このように、ペットに対しては、常に愛情を注ぐことです。「動物は（優しくすると）恩返しをしてくれる（だから、かわいがる）」、という人がいますが、見返りを求めることはいけません。

よく、「犬や猫が好きだけどアレルギーで飼えない！」という話を聞きます。

もちろん、アレルギーはちゃんと医師に診断してもらい、予防するのが一番です。

ただ、稀に、それを克服する人がいます。

とある相談者は犬が大好きなのですが、犬アレルギーで飼えませんでした。それでも諦め切れずに、犬カフェへ様子を見ながら通い続けたそうです。

すると、不思議なことが起こりました。

通い始めて2年目、体質が改善されて、犬アレルギーが治ったのです。もちろん、ご本人は大喜びで、今では大事に犬を飼っています。

これが霊によるものかどうかは知りませんが、動物を無償の愛で接することの御利益のようなものかもしれません。

私自身、数多くの鑑定をする中で驚くことがあります。

それは、ペットを大切にして飼っていたご夫婦に産まれたお子さんは、素晴らしい命式の持ち主である、ということです。

基本的には、また、私の統計データ上も、親子の命式はつながっていると見ます。ですから、両親がそれほど良い命式でなければ、お子さんも同様なことが多いのです。

ただし、これにも例外があります。それがペットです。今でも明確な理由はわかりませんが、ペットを大切に飼われている家庭に生まれたお子さんは、命式がよくて、発育も素晴らしいのです。


ペットが病気になると誰もが不安になります。

私のお勧めはちゃんと動物病院に通って診察してもらうことはもちろんですが、ペットと共に祈禱《きとう》を受けるのもよいでしょう。

祈禱を受けたとしても年1回という方も多いでしょうが、私は違います。年に3～4回、明治神宮や他の神社にて祈禱を受けます。これは、私のエネルギーが3か月ぐらいで切れるからです。心の充電に行くのです。

動物の霊のついでに、私自身の体験を二つほどお話ししたいと思います。

私の新刊撮影で島根県に行ったときのことです。なかなか止まない雨の中、撮影を続けていたのですが、ふと、自分の顔に違和感を感じ、なんだろうと撫《な》でくりまわすと、自分の顔に蛇がぐるりと巻きついていたのです。

慌てて取り払おうとしましたが、これが霊であることがわかり、そのままにしておきました。蛇はやがて私から離れました。

すると、これまでの雨が止んで、うそのような晴れ間が広がったのです。私が行く先々で止んで晴れるのです。これにはカメラマンもびっくりしていました。

撮影の1シーンで、水占い（紙を浮かべてその上に10円玉を置く）をしたのですが、なぜか、私の紙だけが沈みません。「おかしいな」と見ていると、その下に蛇のようなものがニョロニョロしていました。おそらく、遊んでいたんでしょう。


もう一つは、私が小学生の頃の話です。

ある日、公園の木のふもとで蝙蝠《こうもり》が弱っているのを見つけました。

友達と「これは助けよう！」となり、雑草やらミミズやらを与えてみました。

1週間もすると蝙蝠は元気になったようで空に飛んで消えていきました。

その後、バス遠足の日がきました。私はとても車酔いする体質で、そのときも、行きのバスで嘔吐《おうと》してしまいました。

目的地に着いても体調は回復せず、一人、バスの中で休んでいました。

すると、何か不思議な音が聞こえるのです。

なんだろうと思ってバスを降り、音のする方に向かうと、1本の大きな大木があり、そこに蝙蝠がぶら下がっていたのです。真っ昼間に蝙蝠がこんなところにいるなんて不思議だな、と思っていたのですが、さらに不思議なことにあの日、蝙蝠を見て以来、私の車酔いがピタッと止まったのです。

ひょっとすると、蝙蝠の恩返しなのかもしれません。

モノに宿る霊の話

モノにも霊は宿ります。

これはとある方のおばあさんの話です。

おばあさんの家には髪が伸びる日本人形がありました。そのお人形は誰からもらったのか、いつからあるのかわからないそうです。「気がついたらいつの間にかあって、だからそのまま置いていた」と言うのです。

おかっぱぐらいの髪が今では肩まで伸びているのです。家族はとても驚きましたが、何か悪さをするとか、怖い感じもしないので、毎日手を合わせてお水をお供えしていました。

ただ、このお人形、おばあさんの家に行ったときはまずは挨拶しないと怒るのです。

どうなるかというと、ガタガタと揺れるんです。

あるとき、その方と友達がおばあさんの家に泊まりで遊びに行きました。遊ぶことに夢中で挨拶をすませていませんでした。すると、その日の深夜、誰も寝ていない2階で人が走り回る音がするのです。

気になって2階に上がって行ってみると、そこにはお人形さんがいたのです。不機嫌になったのかもしれません。

このお人形さんですがおばあさんが亡くなった際、妹さんが来ておばあさんのものを他の家族の同意もなく、服などを一切合切持って帰って、挙げ句の果てに売り払ってしまったのです。そのなかにこのお人形さんも含まれていました。

妹さんはその後、体調を崩してさらに腰を痛め、結果、自殺されてしまいました。

これもお人形さんの呪いなのかもしれません。


あるアイドルが、自宅で心霊現象が起こって怖いとマネージャーを通して私に相談しに来ました。話を聞くと人形が勝手に飛ぶのだそうです。

そこで彼女と彼女のマネージャー、私の三人で自宅に行きました。

驚いたことにベッドの周りに大量のぬいぐるみがあったのです。それも多くはビンテージ人形です。１００体以上あるそうです。

私がぬいぐるみを見ていると、ポーンとある人形が飛びました。

その人形を持つと、とても熱いのです。

同時に海外のイメージが浮かびました。話を聞くと、どうやらその人形は海外旅行に行った際に見つけたビンテージ人形だったそうです。

彼女から人形の大まかな話を聞き、私の方で感じた、悪さをする5体を預かることにしました。

私の事務所に預かることになった人形は、事務所でも不思議なことを起こしました。

普段は執務室の隣の休憩室に置いてあるのですが、私がそこで休んでいるとポーンとお腹の上に乗ってきたのです。

またあるときは私が外で打ち合わせをしている間に玄関前まで移動していることもありました。

なぜそうなったのか。私はその人形を供養していなかったからです。いたずらはするけれど悪い霊ではありませんし、供養には必要ないと判断したのです。人形としては、たんに遊んで欲しかったのでしょう。

その後、彼女から「戻してほしい」と話を受けて、その際に、魂抜きではなく、祝詞を上げて、最後に「いたずらしたら燃やすぞ」と強く言っておきました。
彼女のもとに戻ってからは、心霊現象は起きていないそうです。

人形を可愛がりすぎると、その人形が「自分は生身の人間なんだ」と勘違いすることが多いのです。
私の経験上、動物のぬいぐるみで霊が憑くことはありません。五体（頭と体、手足）がある人形や人形《ひとがた》が霊が憑くのだと思います。

霊は私たち人間と同じ感覚を持っています。ですから、霊のリクエストで一番多いのはご飯や食べ物です。二番目に身に着けたいものです。

例えば、こんな相談を受けました。

守護霊が「シルバーの時計を気に入ってつけていた。それをまたつけたい」とお願いされたことがありました。

または、お供えした時計が電池切れで止まっていて、電池交換をお願いされたこともあります。「時計の時刻が合っていないから直してくれ」と言われたこともあります。

つまり、霊にお供えする道具は、たんに置いておけばいいのではなく、ちゃんと道具としての機能を正常に働かされる状態で置いておくべきなのです。

ご飯やお水は毎朝炊き立てのものとお水もきれいな水を供えますが、それと同じことです。

私が長年霊視や霊との対話を続けてきて、一つ、気がついたことがあります。

それは、霊からのメッセージはすべてお願いされる口調が多いです。

「〜〜といってもらえないでしょうか?」と「〜〜をしてください」など、命令口調ではなく下からのお願いなのです。霊にもその土地土地の言葉があります。標準語ではありません。

その霊の地位や力は関係ありません。みんながそうなんです。

たまに敬語ではなくてぶっきらぼうな言い方をする霊もいますが、それは私へのメッセージではなく、独り言です。

あるとき、おばあさんの霊から相談を受けました。

「娘が寝るとき、いつも裸で寝ている。パンツぐらい履いてもらうように説得してくれませんか」と。さすがに相手の女性にそんなことを急に言うわけにはいきません。

まずはおばあさんの話を聞き出し、安心感を与えてから、おもむろに「おばあちゃんがあなたがちゃんと寝ているか心配しているようですよ。パジャマとかきちんと着られていますか」と言います。

私個人の話となりますが、このように霊が見えたり会話できたりすると、周囲から怖がられることが多いです。常に霊視をしていると思われるのですが、そんなことはありません。霊視はかなりのエネルギーを使いますし、日常的にやることはしません。

それと、私の服装や身に着けているアクセサリー類まで「何かご利益があるのでは」と興味を持たれる方が多いのですが、私としてはファッションとしてやっているだけですので、そのへんもよく誤解されます。

私のポリシーとしては聞かれたことは素直に答えることにしています、その方が面倒臭くなくていいからです。

身に着けるものという意味では、皆さん誤解しているものの一つに「お守り」があります。

身に着けるものは多くても三つでやめるべきです。

お守り三つが上限、お札は3枚が上限、パワーストーンアクセサリーも3個が上限です。

できれば、本当に大切なもの一つだけを着けるべきです。

また、ずっと着けているとお守りのパワーが薄まります。

ですので、ローテーションで使い回すことはよいことかもしれません。

ものには賞味期限があるのです。

言葉にも賞味期限があります。

大体ものは1年です。

例えば、ペンでも1年経ったら中のカートリッジを交換すべきです。この1年とは1月1日から12月31日までという意味ではなく、買ったその日から向こう1年間という意味です。

お守りもお札も寺社仏閣にお戻ししてください。他の寺社仏閣でも構いません。その際は、お賽銭《さいせん》は多めにしましょう。

一番よくないのは、1年以上持ち続けていることです。

またお守りやお札をいただく際は、封筒に入れた状態で持ち運びしてください。そのまま剥き出しで出すと第三者へ力が移ってしまいます。帰宅後に封筒から取り出し、白い紙を剥がします。

故人が好きだったものはそのまま供えておくべきです。身に着けてはいけません。私自身の体験なのですが、父親が愛用していた時計を持って出かけようとしたら、服を引っ張られました。勝手に持っていってはいけないのです。ただし、形見分けはダメです。持っていく場合も、あらかじめお断りをしてお願いしておけば問題ありません。

本にも霊はつきます。

私は研究のために古書を買い求めることが多いのですが、ある日から、事務所におじいさんの霊が出るようになりました。尋ねても何も話しませんし、ただ、じーっといるだけです。どこから来たのかもわかりません。

あるとき、蔵書をぱらぱらとめくっていたら、2本の髪の毛が挟まっていました。すると、その立っているだけのおじいさんがすっと近寄ってきたのです。どうやらその髪の毛はおじいさんで、その本もおじいさんのものだったのでしょう。

私はおじいさんに「ありがとう、この本、大事に読むからね」と伝えて、和紙に私の御朱印を押しそれで髪の毛を包み、焚き上げて燃やしました。

するとおじいさんはにこっと笑って消えました。供養されて喜んだのかもしれません。

本には不思議な出会いをすることもあります。

相談者さんの祖父が大切にしていた絵本があったそうです。

相談者さんは数年後にその絵本を欲しくなり探しましたが、既にお父さんが蔵書一式を売り払ってしまった後だったようです。

残念に思いながらもそのことは忘れてしまったある日、その方がブックオフにフラりと入り、自分が探そうとしていたコーナーに向かいました。

棚に並んだ本で1冊、背表紙が見えない不思議なものがありました。「これはなんだろう」と思って抜き取ると、なんと、おじいさんの絵本だったのです。

絵本にはメモが挟まってあり、「この本を大切な孫に贈る」とありました。父親が売り払った絵本がどういう経緯か、あるべき人のもとに戻ってきたのです。

これも本が生み出したご縁なのかもしれません。

『不動利益縁起絵巻』（東京国立博物館所蔵）

お金に関する不思議な話

ここで金運について少し話をしたいと思います。

私の統計からいえることなのですが、お金(仕事)よりも名誉や栄誉を高めたい方は、二つ折り財布がいいでしょう。

反対に金運を上げたい、仕事運を高めたいという方は長財布です。長財布はお札を折らないから金運を高めるのです。二つ折はポケットなどにすんなり入りますから、お金の出入りは多くなります。ただ、それはお金を気にしなくてもいいという話であって、仕事が常にある方や、高級な報酬の仕事をしている人です。医師は圧倒的に二つ折りです。反対に、会社経営者は長財布が多いです。このように使う財布を気に留めることも大切です。

ある女性の方が相談に来られました。

その方はとても面白い実験（？）をされていました。

10代の頃に、1枚の千円札の表（「1000」が書いてある方）の右下に小さく自分の名前を書いてそれが手元に戻ってくるかやってみたそうです。

そして、40代になったある日、なんと、その千円札が戻ってきたそうです。

それだけでも驚きなのですが、よく見ると、書いた名前の右下端が小さく切り取られていました。

不思議に思ったのですが、その数日後、右足を怪我《けが》したそうです。

さらにその数日後、名前の一部が赤くにじんで見えたそうです。気になって検査を受けたところ、乳癌《がん》の初期だとわかったようです。

その体験を踏まえて私のところに来たのです。

今回の相談においては、千円札は私の方でお祓《はら》いをして供養しましたが、お札はいろいろな人が触っているものでありケガレがあります。興味本位とはいえ、お札に名前を書くことはお勧めしません。他の霊がついてきます。

ちなみに、私は買い物でお釣りをもらった際に、その場で紙幣や硬貨に傷や汚れがないかを調べます。もし、傷や汚れがあったら、財布に入れる前に募金箱に入れます。仮に千円札でもそうします。

汚れたお札は金運を下げますので注意しましょう。

鑑定で現金払いをしてもらった際に、千円札に「呪」と赤文字が書いてありました。聞くと、コンビニでお釣りでもらって怖かったので、私に渡したとのこと。

もちろん、私はすぐに銀行で交換しました。

ものを大切にする家系は子孫が反映しますが、無駄に蓄えていてはダメです。特に、古くなったものをいつまでも持っていては運気が下がります。

これは18世帯で実験した話です。

1年間、強制的に断捨離《だんしゃり》をしてもらいました。

すると、16世帯で金運が上がりました。正確に言うと、旦那さんの年収がアップしたのです。

ところで、本書の価格、不思議だと思いませんか?　どうして「2425円（消費税10%を加えると2668円）」なのか。これにはもちろん、意味があります。

本屋さんで本書を買って、「2668円です」と言われると、たいていの場合、千円札3枚を出すのではないでしょうか。そして、本書とお釣り「332円」を受け取るはずです。百円玉3枚、十円玉3枚、一円玉2枚、3－3－2です。

この、「332」が大事なのです。

仏教では3の数字をとても大事に考えています。3は「過去現在未来」を表し、「三帰依《さんきえ》＝仏・法・僧を拠り所とする考え」を示し、同時に「三宝《さんぼう》＝仏法僧のこと」でもあります。3とは永遠や無限を意味するのです。これが三つならぶ333とはまさに完成形です。

しかし、あなたの手の平には「332」円であり、「333」になっていません。

この未完成に意味があるのです。

仏教の考えでは完成されたものとは、いわば仏であり、私たち人間がたどり着けるものではありません。そして、中国思想においても完成されたものとは、あとは朽ちてなくなるだけです。今がピークですから、下がるだけなのです。

ピークであることよりも、登り調子であることのほうがいいと思いませんか。

それに、完成されたものはその後の伸び代や努力が見られません。努力を放棄した途端に堕落します。私は、人生は常に勉強で精進だと考えています。

ですから、完成された333ではなく、その一歩手前の332がとても大事なのです。

本書を通して受け取ったご縁があり、ご加護も示す332円とは、つまり、あなた自身です。精進を重ねていくあなた自身なのです。

このお金（332円）は近くのお寺のお賽銭《さいせん》として納めることをお勧めします。その際はきれいに天然水で洗ってください。あなたの守護霊がさらに高まります。

または、（白い紙）和紙に包んでお守りとして持ち歩き、寝る際は枕のそばにおいてください。そして、何か違和感を覚えたときはそれを奉納してください。

どのようなかたちでもご利益があります。

心霊スポットの話

心霊現象に関して実験をした相談者がいました。

その方は、ある交差点（なにもありません）にあえて、「事故現場の献花」を作りました。事故はもちろん、曰《いわ》く付きもなにもない、普通の場所です。

ところが、1か月もすると近所の人が「なにかあそこは気味が悪いね」という噂が立つようになりました。

その方はそれでも気にせずに実験を続けました。

すると、ある日、住まいである実家に人形が届きました。その人形は供物と同じ人形でした。

不思議に思いつつも、捨てるわけにもいかず、実家の奥の部屋の押し入れにしまったそうです。

数日後、気になって人形を見ると、髪の長さが左右バラバラになっているのです。

私の手元にやってきたとき、なにか女性の霊のような気配を感じました。どうやら、その偽の現場の近くに本当の交通事故現場（女性が死亡）があったようです。

私の方でお祓《はら》いをして、その方に人形を戻しました。

その人は、その夜、奥の部屋が火元の半焼に遭《あ》いました。幸い怪我《けが》人はなかったのですが、不思議なことに、火元の奥の部屋の押し入れに置いてあったはずの人形は何一つ燃えていなかったそうです。さらに、その人形、髪が短くなっていました。人形の髪が伸びるのはわかりますが、短くなるのは私も初めてのことです。恐くなったその方は霊感の強い知人に預けたそうです。

そしてその人形を預かり受けた霊感の強い方は、半年後にその偽の事故現場で本当の交通事故を起こして両足骨折となりました。

それ以後、私の方で保管供養をしています。


最近、心霊スポットに行く人が多くなってきた印象です。

ただ、基本的には、お勧めはしません。霊に取り憑《つ》かれるからです。

私の相談者でも遊び半分で心霊スポットに行って、その後、体の具合を悪くした方、ペットが亡くなった方、両親を亡くされた方などがいます。

それでも、どうしても行きたい！　という人には安全な場所に行ってくださ い。安全とは、明るくて、人気（有名という意味です）があるところです。吊り橋などはいいかもしれません。

また、準備も大切です。携帯電話の充電は100パーセントで予備のバッテリーも持っていきましょう。

そのほかに、お水とお茶、お線香です。これらは供養のためのものです。

万一、霊に取り憑かれそうになったら、お線香を焚《た》き、お茶を備えて、すぐに「ごめんなさい」と言って立ち去るべきです。

また、移動途中の車の鍵はしっかりとロックをしておいてください。窓も開けてはいけません。

一番やってはいけないのは、人形（かたちあるもの、五体満足なもの）を持って行くことです。霊が人形に乗り移ります。

また、よくある質問で、「神社へは心霊スポットの前に行くべきか、後に行くべきか」ですが、私は「心霊スポットに行った後に、神社でお祓いをしてもらう」をお勧めします。

翌日以降でも構いませんが、ちゃんとお祓いとお清めをしてもらってください。ペットを飼っている方はペットも一緒です。

また、本当に霊を見たいという人は、強い気持ちと一人で行った方がいいと思います。

これは私たち生身の人間に置き換えてもわかるでしょう。あなた一人に対して大勢が注目していると恥ずかしくなって隠れるのではないでしょうか。

私自身の経験でもいえますが、十何人で取材撮影していたときは霊は出ませんが、私一人でいると霊は出ましたし、それをカメラに収めることもできました。

はっきり見たいならば夜がお勧めです。暗いと余計なものが目に入らないからです。霊感が強い方は昼でも見えると思います。

『泣不動縁起絵巻』（清浄華院所蔵）

お母さんを選ぶ赤ちゃんの話

お母さんを選ぶ赤ちゃんというのは本当のことだと思います。

6歳ぐらいの女の子とお母さんが相談に来られました。

その子が不思議なことを言うのです。

「お母さん、服を汚しちゃうでしょ。遊園地で白い服、赤くしちゃったんだよね。私それを見て、おかしくて、このお母さんのところに生まれてきたいなって思ったんだよ」

お母さんに確認すると驚いた様子で「何で知っているの⁉」と。

お母さんが結婚する前、旦那さんと遊園地デートをしたときのことです。彼のためにこっそりと手作り弁当を持参して、ベンチで広げて食べようとしたところ、ケチャップが白いワンピースにべちゃっとついてしまったというのです。すぐにスタッフの方が来てことなきを得たそうですが、その後、旦那さんからプロポーズをされたそうです。

この子はそれを覚えていたのです。

また、こんなケースもありました。

親子（5歳の男の子）で鑑定に来た方がいました。

お母さんの左肩には大きなアザがありました。お母さんはお子さんをご懐妊してからずっと、「子供にはアザがうつりませんように」と寺社仏閣で熱心にお願いしたそうです。

しかし、生まれた男の子にはお母さんと同じ場所にアザがあったそうです。お母さんはかなりショックを受けたそうです。

ところが、不思議なことに出産後、お母さんのアザは薄くなっていたのです。

鑑定の合間、その男の子が私に言いました「あのね、私がお母さんのところに来たのはアザがかわいそうだから。お母さん、ずっとアザがあることを気にしていて、水着も着られなかったんだよね。だから、私がお母さんのアザをもらってあげるから、アザをなくしてねって神様にお願いして、お母さんのところに生まれてきたんだよ」と。

お母さんも初めて聞いたようでとても驚き、また、感激して涙を流されました。

安倍晴明（菊池容斎画）

水子供養の話

不妊治療には水子供養（地蔵様）が一番だとお話ししています。

水子供養の簡単な方法をお教えします。

透明なグラスを一つ用意します。

そこに、自宅の水道水を七分目まで入れて寝室に持って行き、部屋の隅に15分間置いておきます。その後、台所に水を流します。

これを、水子供養の月命日か、それがわからない場合は特定の日にち（これは覚えやすい日がいいです）に行います。

これを、一生続けるのです。途中でやめてはいけません。大変なことになります。

それと、グラスは水子供養専用ですから、他の人が使ってはいけません。こうまでしないと、子孫が繁栄しないのです。それと、供養をちゃんとしていないと、母方の家系に病気や怪我《けが》が多く出てきます。

パッと時計などを見たときに何か気になる数字があると思います。それも水子の一種ということがあります。

鑑定に来られた女性が「1113という数字をよく見るんです」と言ってきました。

ふと見ると、肩に子供が見えるのです。お子さんが亡くなった日が11月13日なのかな、と思って訊《き》いてみましたが、その場では「わかりません」とのことでした。

半年後、再度、鑑定に来られた際にこんな話をしてくれました。

あの後、気になって昔（10年以上前のことだそうです）に水子供養を行い、そのときにしまった箱があるのですが、そこから紙切れが出てきて、そこに「11月13日」と記されていたようです。

また別の方は「0824」が気になるという方でした。霊障でお墓の写真を見せてもらったのですが、その墓碑《ぼひ》に8月24日という刻印があり、その隣（つまり、次に亡くなった人）が10月24日。これは、24が特別な数字だったのです。

話を水子供養に戻しますと、水子供養はいつやるか、それは「すぐやる」べきです。

また、絶対にやってはいけないのが、「（水子に）名前をつける」ことです。まだこの世に誕生していない存在にこの世の名前を与えてはいけません。確実に霊となって出てきます。それも、悪い力となってです。

私のところに相談に来られた親子がいました。8歳の女の子とお父さん、お母さん。相談内容は「娘が霊が見えるという」ことでした。その子に話を聞くと、「霊に『死ねばいいのに』って言われる」と言うのです。

そこで、お母さんを見たら、背中に霊が取り憑《つ》いていました。霊が「ともえ」と言っているのが聞こえます。

二人にそのことを話したら青ざめ、「この子が産まれる前に流産した子がいて、その子に『ともえ』と名づけたんです」と。水子のともえちゃんは「なんで、私だけが悲しい思いをするの?」と今生きている子を呪っていたのです。

そのときは鑑定時間に限りがありましたので、私は天台宗か真言宗のお寺で念入りにお祓《はら》いをやってくださいとお伝えしました。

不妊に悩む方も水子が原因が多いです。

とある女性が不妊治療で相談に来ました。

4人の赤ちゃんの霊が見えました。「流産の経験はありませんか?」と尋ねると、4人の流産経験があるそうです。赤ちゃんはみな怒っていました。

そこで、4人分の月命日に供養をしてもらったら、数か月後、無事に懐妊されたそうです。

ちなみに、仏壇には上座と下座があります。水子の位牌は下座に置きましょう。

水子供養は一生続くのですが、最短でも50年です。これは50年で輪廻転生《りんねてんせい》がされるからです。

また、供養は本人がやるべきことですが、その女性のお母さんや身近な人がやる分には効果があるといえます。

怪異現象などで、家の台所でラップ音がするというのは、ほぼすべてが水子です。水を好むのです。なぜなら、霊は水を飲むからです。

ですから、簡易な除霊方法としては、タバコの葉をトイレや水を溜めたお風呂に入れておくということがあります。タバコの葉の成分を水に溶かすのです。つまり、水を飲めなくするのです。

これは、霊現象に悩む人や出張先などで霊が怖い人には有効です。

ただ、これは水子が怒りますから水子供養では絶対にやってはいけません。

お墓に水子を入れることは大いにお勧めしたいです。位牌よりも力が強いです。一番の水子供養は水子を忘れないことです。次に、残された子供を大切にすること。そして、自分自身が幸せになることです。

パワーストーンショップを経営している夫婦が相談に来られました。

ご主人が奥さんと離婚をして、パートナーさんと一緒になったそうです。相談内容は不妊治療でした。

話を聞くと、奥さん（パートナーさん）はこれまで6人を流したそうです。それも意図的に。そのために、奥さんの実家は水に関する病気が多く出ていました。

それでもこの二人は供養を一切行わずにいたそうです。

その後、お子さんが一人生まれましたが、5歳のときに自閉症と診断されたようです。これは医学的にはとても珍しいことです。通常、自閉症は生後間も無くわかります。それが5歳までわからなかった。医師も不思議に思われたそうです。

自閉症になりやすい五行（木火土金水）というのはあります。それは、土が多いのです。ですから、土を流すまたは染み込ませる水が効果的で、プール療法などが理にかなっているのです。

その自閉症のお子さんは命式を見ると土が5個もありました。

流産するたびに土が増えていくのは私も経験からいえます。

両親が望んだわけでもない流産もあるのかもしれませんが、意図的な流産も自然流産も意味することは同じです。水子供養はそれぐらい「怖い」のです。流産経験はない方が、安産祈願のために水子供養のお寺に行くことはよいことですし、私も勧めています。

そういったお寺にはたくさんのお地蔵様がありますが、その中から「これだ」と思うのを決めて、自分で作った赤い前掛けとお水をお供えします。これは効果があります。

また、お地蔵様には名前やかたちから男の子と女の子とがあります。好きな方を選んでください。女の子が授かりたいならば、女の子を。男の子ならば、男の子を。

このお寺供養は女性の方お一人でやってください。お父さんは不要です。出産は父が一割で母が九割だからです。

ある夫婦が相談に来られました。お父さんがバツ2でお母さんがバツ3だそうです。

鑑定中、赤ちゃんがたくさん見えて、遊んでいるのです。「なんでだろう」と不思議に思いました。2～3人ではなく、9人近くいるからです。

そこで、「以前、流産などの経験はありませんか?」と聞いてみて驚きました。お互いに流産を経験して、二桁にのぼるというのです。

相談内容は妊活でしたから水子供養を勧めたのですが、それはまったく信じないというのです。

信じない方に供養をお願いしても効果はありませんので、仕方なく、神棚を作ってもらい、月に一回、お祓いの言葉をあげてもらいました。

水子供養は信じないお二人でしたが、神棚は大事にされたそうで、それから10か月後に無事に懐妊されたそうです。

ところで、今、お二人の水子といいましたが、お父さん、男性側にも水子はついていきます。女性が八割で男性が二割です。ですから、男性だから水子供養は関係ないとはいえないのです。

生まれなかった子は妬《ねた》みでしかありません。良い水子霊はほとんどありません。私が経験した唯一の例外をお話しします。

4歳のお子さんをお持ちのお母さんの体験談です。

ある日、道路の反対側にいるお母さんを見つけて、お子さんが横切ろうとしたそうです。普段は交通量の激しいところでないのですが、たまたま、そのときに、猛烈な勢いでバイクが迫ってきたそうです。

「危ない！」と思った瞬間、その子が倒れ、引かれずにすみました。

お母さんはそのとき、赤ちゃんがその子に向かってハイハイしてきて、足を掴《つか》んで転ばしたというのです。お母さんはその赤ちゃんが水子だと確信したそうです。お母さんは毎日毎日、水子供養をして大事に大事にしていたそうです。

水子であっても、丁寧《ていねい》に供養されると助けてくれることもあるのです。

私の鑑定においては、水子供養の相談というのは、実は、とても少ないです。理由は簡単です。相談者にその自覚がないからです。

例えば、自宅で心霊現象が起こったとします。まず、水子だとは思いません。ですが、七割は水子です。

Y字道路がありますがそこにはよくお寺やお地蔵様があります。その近所で赤子殺しや捨てがあったのです。そういったところは霊を呼び寄せやすいです。

水子供養で一番効果があるのは、ムカサリ絵馬です。

Wikipediaより
ムカサリ絵馬(むかさりえま)とは、民俗風習の一つ。山形県の村山地方のみ、あるいはその南側に位置する置賜地方にかけて行われている。ムサカリは誤記。ムカサリは「迎えられ」からくる結婚の方言。嫁に迎えて去ることからこう呼ばれる。元々は婚姻していない男性を供養して半人前の状態から一人前の状態にするという親心が動機になっていると歴史学者の佐藤弘夫は説明している。

自分で描いて、天台宗のお寺(有名なのは山形県天童市にある若松寺《じゃくしょうじ》です。このお寺にはむかさり絵馬師がいらっしゃいます。この方の絵馬を奉納するかたちでもよいでしょう）に納めるのです。

水子がついている方は子供に暴力を振るいますし、そもそも、子供が嫌いです。

水子は気がつかないと一番に怒ります。

神棚や仏壇の話になりますが、そういったものを置けない家ではお札に代わると思います。ただし、お札は空気に触れさせる必要があります。戸棚にしまっていてはいけません。

方角よりも毎日のお手入れを大事にしてください。

水子供養の簡単なお札は、和紙を三つ折りにして、真ん中に「水子供養」と墨書きするのです。その際、筆は下ろし立てを使ってもらい、筆先にはへちま水や瓜科（きゅうりの水滴）の水を用いてください。

水子は足にしがみつきますから足の怪我《けが》が多い場合も水子供養が必要です。

地縛霊の話

「地縛霊」といいますが、私はそういった霊は「いない」と感じています。

それにはいくつか理由があります。

前にもお話ししたと思いますが、事故も何もない場所を「嘘の事故現場」として献花などをして実験した方がいます。結果、他のところからの霊が呼び寄せられて、本当に「事故現場」になってしまいました。

さらに、そこに引き寄せられた霊がその男性の家までついていったこともあります。ヘルメットを被った男性で、調べたらその近所で事故死した霊でした。つまり、霊は特定の場所に固定されないのです。

もう一つ。事故現場でお祓《はら》いをやっても何も意味はありません。

なぜなら、霊が死んでいることを認識していないからです。ですので、まずは、自宅でちゃんと供養（お葬式）をして、それから、最後に事故現場でお祓いをするのです。


私が供養したケースでこんなことがありました。

ある殺害現場へ取材に行くと、そこに霊がいました。

「何がしたいですか」と尋ねると「チョコレートが食べたい」と言うので、近くのお店で買ってきてお水と一緒にお供えしました。

すると今度は「お寿司が食べたい」と言うのです。私はまた買いに行き、現場に戻りました。すると、そこには霊はいなかったのです。

供養などはしていませんから、成仏ではないのはわかっていました。

しばらく待っていても戻ってくる気配がないので、お寿司もお供えして、帰りました。おそらく、チョコレートを食べたから満足して散歩にでも行ったのでしょう。

私の実感としては、霊は半径2キロぐらいは移動します。

また、霊には「縄張り」もあります。大体その縄張りを動き回っているのだと思います。

縄張りがあるということは、上下関係や力関係もあります。強い霊と弱い霊がいるのです。

ある建物、そこは殺人事件が起こったビルですが、そこの霊に話がしたく、近くの霊に「呼んできてほしい」とお願いをしたことがあります。

すると、その霊は「怖い人がいる」と言って嫌がるのです。「怖い人がいる」というのも霊がよくいう言い方です。「霊」ではなく「人」、なのです。

どの土地土地にもそのような首領（ドン）のような霊がいます。その土地に強い結びつきのある霊です。お寺だとその氏子さんだったとか。ひょっとすると、それが「地縛霊」とみなさんが言っているのかもしれません。


心霊スポット取材などで事故物件をよく見させてもらいますが、不動産あるあるとして、特定の部屋に入ると特定のことが起きる、というのはあります。なぜか離婚してしまう部屋、自殺が多い部屋……。

事故物件は2番目（偶数）のところに多いです。それから4番目。これは死後の世界の考えにおいて悪い数字だからです。

心霊スポットという意味では、「駅のホームは霊（地縛霊）を見やすいですか？」

と聞かれますが、ホームよりも踏み切りの方が出やすいです。先頭車両に乗ると、「あ、人が飛び込んできた！　危ない！」って思う光景によく出くわします。

自殺ということで少しお話ししますと、私の考えとして、自殺は絶対にしてはいけません。「自分」を「殺す」と書いて「自殺」です。成仏などできるはずがありません。どんな理由があっても、しっかりと生き抜くべきです。

それは、生きたくても生きられなかった多くの方への想いがあるからです。

私の相談者にステージ４の癌《がん》でこれまで46回近く手術をされた方がいます。彼が言うんです、「自殺するぐらいなら、その健康な体を俺にくれよ」と。

自殺した霊はすべてが、「苦しい」「痛い」「辛い」と言ってきます。首吊りだと声が出ずに苦悶《くもん》の表情を浮かべます。そのときは、木刀のイメージで紐を切ってあげます。すると、やはり「苦しい」と言うのです。

自殺した霊は「食べ物がほしい」と言うことが多いです。そのほかには、「あれがしたい、これがしたい」。

死んで霊になって初めて、生きることの素晴らしさを実感したのです。

もし、どうしても死んでしまいたいと思うのならば、一通りの人生を楽しんでみてはいかがですか。やり残したことがないくらい生きて、それでも、どうしても死にたいというのならば、止めません。ただし、必ず霊となって後悔します。


余談ですが、「守護霊について教えてください」という方と同じくらい、「前世を教えてください」という話も多いです。ただ、申し訳ありませんが、私は前世はわかりません。

お墓参りの話

「お墓」とは死者にとっての「生きた証」であり、「あの世の家」です。まずはそのことを忘れないでください。

ちなみに、墓石という言葉がある通り「石」がよく用いられますが、それは、石は「記憶」するからです。

例えば、ある場所で殺人事件が起こったとします。そこに大きな石があったとします。私はそれを触れると事故の状況が見て取れます。大木や水でも記憶はできるといわれていますが、木はやがて朽ちていきますし、水は流れてしまいます。固定された石が一番記憶できるのです。

大木でいうと、神社に御神木《ごしんぼく》があります。霊感の強いお客さんがとある神社の御神木に抱きついたところ、戦時中の風景が浮かんできたそうです。

話をお墓に戻しますと、よく「お墓を家より大きくしてはいけない」といいますが、これは、お墓は陰宅です。家は陽です。陰陽のバランスが悪くなるからです。

お墓参りにはいつ行ってもいいです。夜に行ってもいいです。

私のおばあさんは夜中にお墓参りしていました。ただ、深夜だと霊が出やすいとは思いますが。お墓の霊はちゃんと葬式と供養をされた霊ですから、悪霊はいません。それは安心してください。

私がみなさんにお墓参りをお勧めするのは、お墓参りは万能薬だからです。

例えば、ご縁がない方がいたとします。

男女問わずですが、そうした相談者はほとんど、90%以上の方がお墓参り、それも父方のお墓参りを疎かにしています。これは父方のお墓参りをしていただくだけで劇的に変わります。

また、金運を上げたい方は、お墓の出入り口（墓石前の階段）を徹底的にきれいにしてください。これも効果があります。

それと、あげるお線香は3本です。神道ならばろうそくです。

お墓によっては難しいかもしれませんが、写経した般若心経を埋めるのも開運術として優れています。

お供物をどうしたらいいかという質問がありますが、決まりはありません。刺身とかお肉とかでもいいです。

ご先祖様が好きなものはさらに喜ぶと思います。焼き鳥やうなぎとか匂いのするものは霊が喜びます。なぜなら、霊も五感がありますから。

ここで大事なことは、そのお供物をいただくことです。お線香が消えてから、その場で食べてください。

お墓では静かにしなければいけないと思うかもしれませんが、そうではありません。

例えば、墓地が広い沖縄ではそこで バーベキューをやる風習があるようです。これもご先祖様は喜びます。

霊は寂しがり屋ですから、お墓で写真を撮ると霊が写るのは、家族と一緒に入りたいからです。同じように、結婚式とか運動会、家族の集まりなどで心霊写真が見られるのもそういった意味からです。

お墓で注意しなければいけないことは、転んで怪我《けが》することです。血を流すのもタブーです。

お墓自体が家ですから、お墓の上に屋根などをつけるのはいけません。屋上屋を架す、です。それにお墓を日の光、夜の暗さ、雨風などの自然現象に当てることが大事です。

本来、「お墓はこうあるべき」というルールがあります。それに則らないと意味はありません。そんなお墓では子孫繁栄もできません。

まず、共同墓地はいけません。それと、土がないお墓もダメです。お墓は「土」の字があるように、土があってこそのお墓です。

また、生きている間はお墓を買ってはいけません。絶対に、いけません。3年以内に死にます。ただ、これには解除方法があります。それは他人の骨（身内の方でもなんでも）を少しだけ入れて、自分の遺骨の代わりをしてもらうのです。

こうすれば、3年以内死亡率がぐんと下がります。

お墓を建てるというのは、残された遺族・子孫が先祖に感謝を込めて行うものです。それを忘れてはいけません。

お墓の話をすると「宗派や宗教についてどう思われますか?」と聞かれることがあります。

私は、宗教は個人の自由であると考えていますし、神道も仏教もそのことを否定しません。もし、宗派は宗教に迷ったり悩んだりしたら、いろいろと聞いてみることです。

その際、一つのところではなく、セカンドオピニオンのように複数話を聞いてください。そして、自分が「これがいいな」と思ったものを選んでください。

本当に迷ったら、私は、真言宗（高野山）に変えるのをお勧めします。これは秘伝の古書でもそのような指示がされています。仏教のボス的存在です。

お墓の掃除の仕方ですが、墓石を人だと思えば自ずとわかるはずです。

例えば、おじいさんの体を洗うときにデッキブラシやタワシで強引にやりますか？　そんなことはしないはずです。自分の手を清めて、手で直接または白いタオルか赤ちゃん用のボディスポンジで優しく優しく洗ってください。ブラシなどを使うことはお勧めしません。

私のお墓参りの流れを紹介してみます。

まずは墓石の前で柏手を打ちます。そして、お酒で両手を清め、手で直接墓石を磨きます。その際、墓石の下側（つまり、人でいうと足）から上にかけて磨きます。最後に天然水を上からたっぷりとかけ流します。

このとき、墓石に足をかけてはいけません。

きれいになりましたら、ろうそくを立てて（私は神道ですから線香ではなくろうそくです）、お供物を並べて、祝詞《のりと》を唱え、自分の近況などを伝えます。ろうそくが完全に消えてから、お供物を美味しくすべていただきます。

ちなみに、お供物は食べ物のみとしていますが、モノでも構いませんが、必ず持ち帰ってください。モノは仏壇に備えるべきだと思います。

お花を飾るのもよいことです。菊がよいとされるのは一年中手に入るからで、菊じゃないとダメだということではありません。ご先祖様が喜ぶ花、好きな花ならばなんでもいいです。植物でもいいでしょう。ただし、植木鉢などは避けてください。

また、トゲがある植物も避けましょう。これは、神様や霊は先っぽや角っこに座るということからきています。現れた場所がトゲで怪我をしたら大変です。

最後にゴミなどがないかを確認し、片づけをし、「またくるね」と挨拶をして帰ります。

お墓から帰る際は、振り返ってはいけません。霊が寂しくなってついてきます。

また、お墓の敷地を跨《また》ぐ際は、お線香2本を持って、跨いで外に出てから、その両脇に置いてください。ついてきた霊が「ご褒美だ」と思って喜びます。

お墓に行くときは一人でも家族全員でもいいです。行ける人だけで行ってもいいです。行けない人は遺影を自宅で持っておけばいいでしょう。

遠くにいてお墓参りができないときは、遺影や仏壇に手を合わせてしっかりと念じてください。それと声に出すことです。その声は必ずご先祖様に届きます。

何かお願い事がある場合は、お墓参りをしてください。ご先祖様ですから力を貸してくれます。ただ、最低でも年2回（お彼岸とお盆）はお参りすべきです。お参りをまったくしていないのに困ったときだけご先祖様頼みはいけません。

また、いくらお参りしても、しすぎるということはありません。それこそ3日連続でお参りしてもいいのです。不安や心配事があるなら、迷わずお墓参りしてください。

また、お墓参りの最中に黙って静かにやっている方が多いですが、これも意味がありません。ちゃんとご先祖様への感謝や近況報告、お願いなどは声に出してください。心の中で思って念じているだけでは何も伝わりません。

例えば、一人暮らしのあなたが、実家に行き、お父さんやお母さんとも一言も話をせずに黙ってご飯を食べて帰ってくることはありますか？　またそんなことをされてお父さんお母さんが喜びますか？　あなたの気持ちや悩みがわかりますか？　ちゃんとお墓と会話をしてください。

最近ではお墓参りの代行業者さんがいますが、これを活用することはありです。

私としてはお墓参りができない方はこれを使うべきだと思っています。なぜなら、お墓は定期的に掃除をしてあげないといけないのです。それと、ご先祖様を敬う気持ちがあれば遠くにいても構いません。

今はインターネットが発達していますので、オンライン動画でお墓参りができるのです。

お墓参りは誰もが「いつかは行かないといけない」と思っています。

行かれないことで心の重荷となり、ますますお墓から遠ざかることがよくあります。しかしこれは間違いです。行く、行かないで人生は大きく変わります。行くべきですし、行ってあげるとお墓・ご先祖様は喜びます。繰り返しますが、お墓参りに行くべきです。

何年ぶり、何十年ぶりのお墓参りでも大丈夫です。その際は、ご先祖様に「なぜ、これまでお墓参りをしなかったのか」の理由を説明してください。

ご先祖様はあなたを見守ってくれる存在です。最初はむっとして怒るかもしれませんが、必ず、許してくれます。

お墓参りする前と後で、お墓を写真に撮ってみてください。写された写真は全く違って見えるはずです。

なお、その際はお線香を焚《た》いていない状態にしてください。お線香が焚いてあると煙に霊が引き寄せられて霊が写ってしまいます。

お墓で写真を撮ることは構いませんが、それを印刷したり、データとして持ち帰ったりするのはやめてください。その場で撮って、その場で見て、その場で消してください。

福を得るにはお墓参りが一番ですが、かといって、「宝くじで1等に当たりたい」とか「競馬で大穴当てたい」といったものはダメです。

ご先祖様は、あなたが現在進行形でがんばっていることに対しての後押しはしてくれますが、何もしないことには応援のしようがありません。

「良い会社に就職・転職したい」と言っておきながらハローワークにすら行かない。「素敵な人と出会えますように」と言っておきながら、家から一歩も外に出ず、出会うのはアマゾンの配達員だけ、なんていうのではいけません。お願いだけではいけないのです。

ちゃんと行動を伴ってください。そうすれば、守護霊はサポートしてくれます。

お墓参りにペットを連れて行くことは問題ありません。ただし、その場合、ペットを土に触れさせてはいけません。抱きかかえるか、バックに入れるか、カートに載せるかしてください。墓地の土はあの世とこの世の境目の土なのです。魔（間）の土はダメです。

また最近ではペットと一緒にお墓に入りたいという方もいますが、これもやめたほうがいいでしょう。ペットはペットの墓地に入れてあげてください。

そうしないと、霊となっても友達に会えないからです。気持ちはわかりますが、ペットの本当の幸せと成仏を願うならばしてはいけません。これも昔からのルールを大事にしてください。

お墓というと父方と母方の二つがありますが、優先順位としては、常に父方です。次が母方。夫婦の場合は、夫の父方↓母方↓妻の父方↓母方という順番です。時間概念は生きている人と同じですから、その年内に順番に参ってください。

パワースポットということで寺社仏閣が人気ですが、神社とお寺は同じ日に行ってはいけません。別々に行くべきです。

お墓参りの前後にその近所のお寺（檀家しているお寺）を挨拶に行くことはよいことです。

最近では、お墓がわからないというケースも増えてきていますが、調べることができます。まず戸籍謄本《こせきとうほん》を取り、長男の住所を調べ、その近くのお寺に過去帳を照会願いすればわかります。司法書士に調べてもらうこともできます。費用はおおよそ2万円から5万円くらいでしょうか。

シングルマザーの方から「夫の家の墓をお参りするべきか？」と質問を受けることがありますが、お子さんがいらっしゃるならば、お墓参りした方がいいです。独身ならば必要ありません。


話が変わりますが、墓石、石などに名前を彫ることは避けるべきです。奉納のためや記念碑でも刻印すべきではありません。私の地元では「契約書には気をつけなさい」といわれました。契約書とはお墓に彫る文字のことです。それくらい石に名前を彫ることを注意していたのです。

なお、墓石の名前も右端は男性にしてください。女性ではいけません。

お墓を買い換える人も増えてきましたが、それもよくありません。先ほどお話ししたように、石には記憶が宿ります。新しい石には記憶も魂もこもっていません。そんな墓石では子孫繁栄はしません。古くてもぼろくてもいいので、今あるお墓を大事にすべきなのです。

有名人や著名人、偉人の墓をお参りする「墓マイラー」をする人がいますが、尊敬の念をもってお参りするのならばいいでしょう。遊び半分やふざけ半分、ＳＮＳのネタとして写真を撮るだけではいけません。霊が取り憑《つ》きやすいから気をつけましょう。

優れた人物のお墓を参ることは、その方の運をお裾分けいただくことでもあり、開運術の一つといえます。あなたが尊敬する方のお墓はぜひ、お参りしてあげてください。

詳細をお教えすることはできませんが、中国ではお墓を使って運気を上げる方法があります。ただ、私はそこまでするものではないと思ってはいます。

お墓参りをすると霊がついてくることがよくありますが、その祓《はら》い方をお教えします。

窓と玄関を全開にして、お線香をあげてお経（各宗派の基礎的なもの）を唱えるのです。集合住宅では玄関の両脇に線香をあげてください。共有出入り口にお線香をあげるのも効果的です。

お線香は1年間が限度ですから、毎年買い換えることをお勧めします。

仏壇に鈴《りん》がありますが、これも叩く方向性があることを知っていますか？家族や身内ならば鈴の外側を叩きます。私のように外部の人は鈴の内側を叩きます。また、棒の先には霊が乗るので、先端で叩いてはいけません。

お子さんがお生まれになったら、できる限り早く、ご先祖様へ報告をしてください。代理の方でも構いません。

また、子供の名前には先祖で使われてきた名前（例えば、おじいさんやお父さんの名前一文字をもらってつける）を使ってはいけません。それ以上偉くはならないからです。

統計学、中国と日本の歴史を振り返ってみても、いえることです。

晴明紋

色欲霊の話

急に性欲が強くなったという女性からの相談を受けたことがあります。

彼は一人暮らしで、彼女は実家暮らしです。彼の家でセックスをしようとすると、いやがり、ラブホテルに行ったそうです。

その部屋にはベッドの隣に大きな鏡がありました。

二人はいつも通りシャワー浴びてセックスをしたそうです、すると、その最中に彼女が鏡を見ると、鏡には自分ではない、別の女性が写っていたというのです。狂乱してセックスをしている女性なのです。驚いて彼に伝えましたが、彼にはその姿が見えなかったそうです。ところが、彼女はその部屋でセックスをしてから、異様なぐらい性欲が高まって、ことあるごとに彼を同じホテルの同じ部屋に連れて行くようにお願いしたそうです。

さすがにこれはおかしいと本人も感じて、私のところに「これって霊ですか？どうしたらいいですか？」と相談に来たわけです。

私は彼女に「自宅でもどこでも、お風呂に入る際に円い鏡を浴槽に沈めて、その上に入るようにしてください」と伝えました。すると、その後は色欲霊に悩むことはなくなったそうです。


こんな色欲霊の話もありました。

霊感が強い男性が、ラブホテルでセックスをした後、洗面台を見ると、鏡から裸の霊が出てきたというのです。当然、二人とも気を失って倒れたそうです。

その後、特に大きな変化もなかったそうです。それからしばらく経ったある日に、ホテルではなく、同棲していた家でセックスをしていたら、彼女がその女性に見えたというのです。彼女も何か変な感じだったと言うのです。

怖くなった彼が私のところに来ました。

私は、霊供養のお札を1枚彼に渡して、「最初に見たホテルの部屋でこのお札を置き、線香を7本焚《た》いてあげてください。そしてお茶をあげてください。線香が完全に消えてから部屋を出てください。その間はなにもせず、声も出さないでください」と。

彼は言われた通りに行いました。その後、霊は出てこなかったそうです。

私が若い頃の話です。いわゆる誰とでもする「させこ」な女性がいました。

友人の一人、とても真面目な男ですが、その女性とセックスをしたそうです。筆下ろしです。その後、あれほど生真面目でカタブツだった彼が変わってしまいました。性欲が異常なぐらいに強くなってしまったのです。風俗遊びも激しくなりました。

これはその女性にもいえたことなのですが、二人とも色欲霊が憑《つ》いていたのです。

私は「これはいけない!」と思って、仲の良い住職に連絡を取り、お祓《はら》いをお願いしてもらいました。おかげで二人は憑き物が落ちたように性欲も治まったようです。

色欲の強い霊が取り憑くと、獣かといいぐらいに鼻息が荒くなるといいますが、この二人もセックス中はもとより、普段でも鼻息が荒くなっていたのでそれとわかったのです。

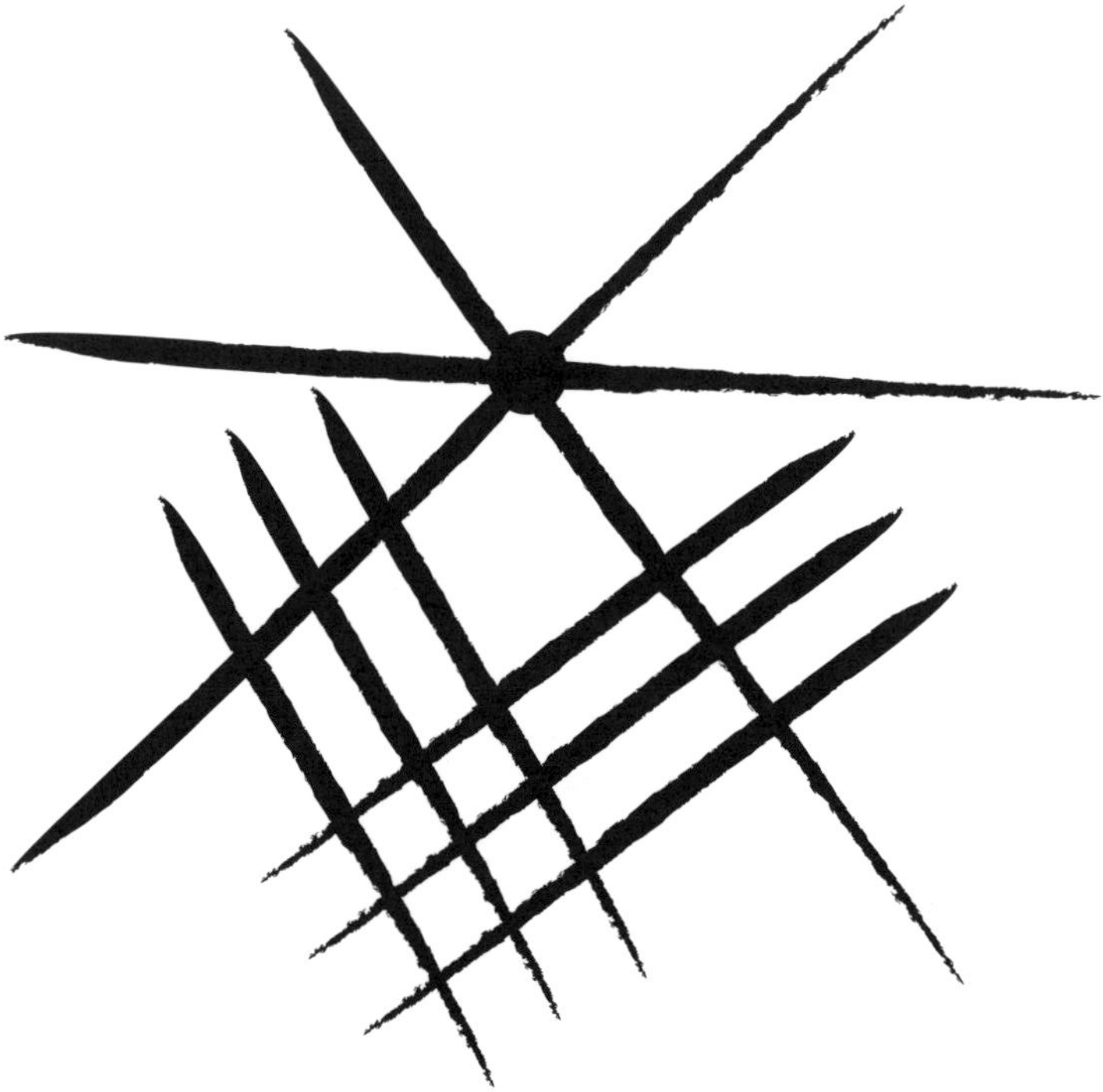

京明流九《く》字《じ》印《いん》

京明流九字護身法

1　真っ直ぐに立って、呼吸を整えます。

2　左手をイラスト1のような印を結びます。

ここでのポイントは爪を見せないことです。

それと、指はしっかりと握ってください。

3　印を結んだ左手を顔の前で構え、イラスト2の順番にならって手刀のように切っていきます。最後の10は中心を突いてください。

その間、言葉を発してはいけません。

この印と切りは霊と交信する際は、除霊・悪霊退散として使ってください。時間帯や場所は問いません。また、何回やられても問題ありません。

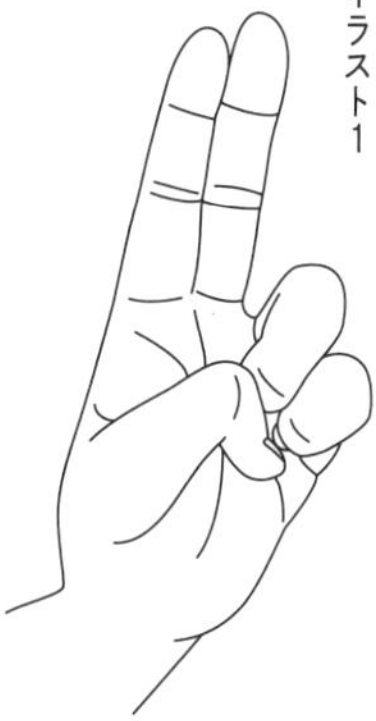

イラスト1

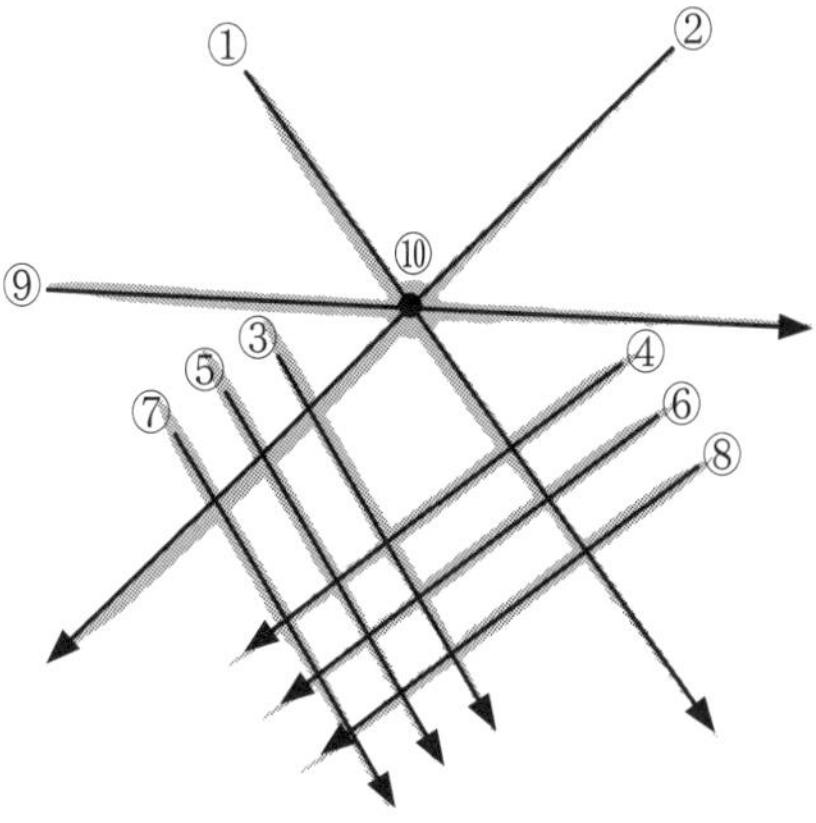

イラスト2

次ページには守護霊供養の霊符と生き霊退散の霊符を掲げております。京明流九字護身法と合わせてお使いください。霊符は切り離さないでください。

例えば、守護霊供養をしたい場合（お墓参りの前後でも構いません）は、京明流九字護身法を行った後に、守護霊供養の霊符を見つめ、守護霊に対する感謝の気持ちを伝えてください。

何かしらの違和感や不快感、言い知れぬ寒さや視線などを感じた場合は京明流九字護身法を行った後に、生き霊退散の霊符を見つめ、「生き霊退散！」と強く念じてください。

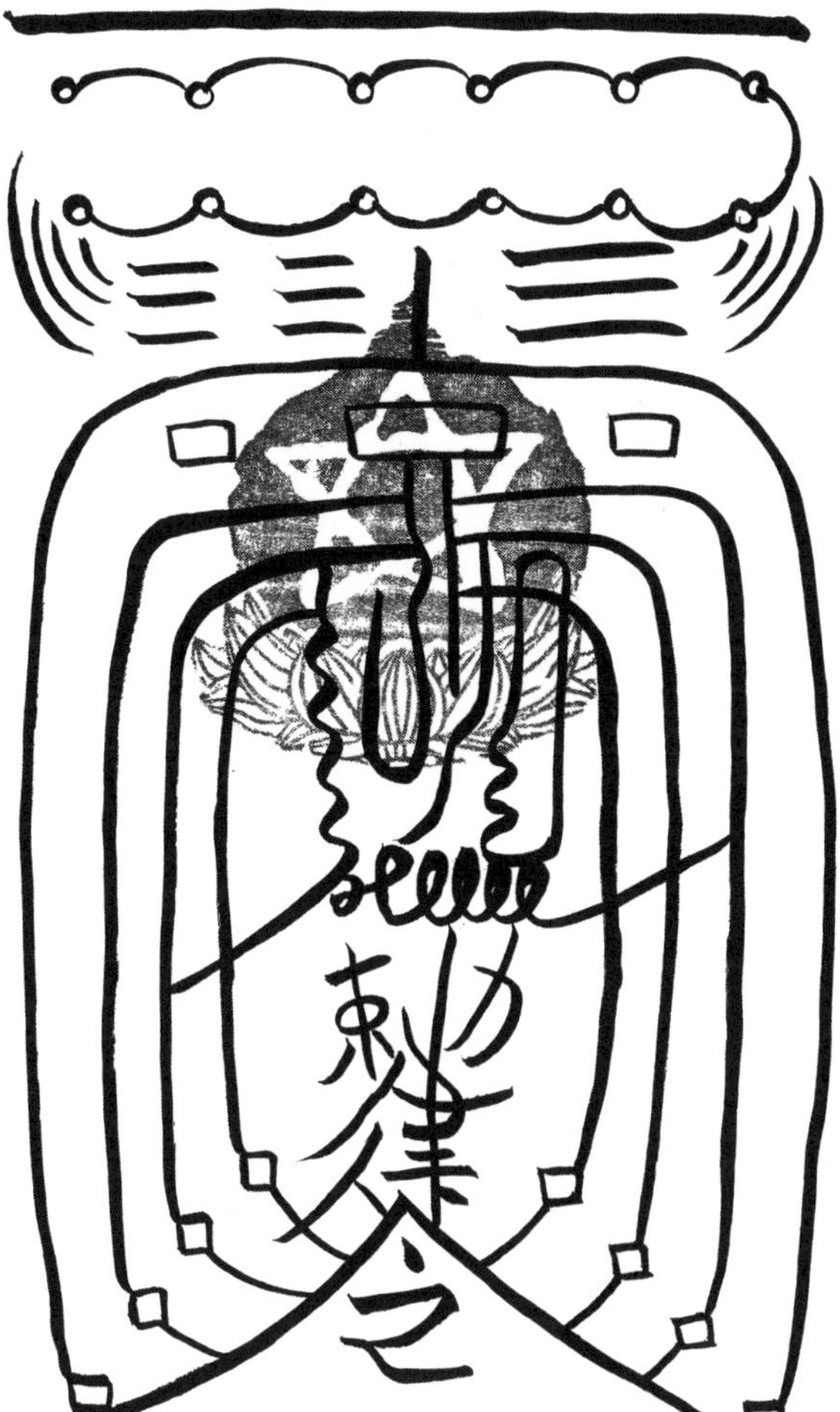

守護霊供養の霊符

生き霊退散の霊符

おわりに

本書を読み終えていかがでしたか。霊とは人であると感じていただけたのではないでしょうか。

霊は何かしらやりのことしたことがあり、それを叶えてあげるのが霊供養だといえます。

私が出会い話し、供養をした霊は、みな「後悔がある」と言いました。後悔がない人生を生きることが至難の業《わざ》です。ですが、今を一生懸命生きることで、その後悔を減らすことはできるはずです。

私の座右の銘に「今日という日は二度と来ない。毎日を大切に過ごす」があります。先行き不透明で不安な世の中だからこそ、今日を一生懸命、大切に、大切に生きていただきたいと願っております。

繰り返しになりますが、霊は人です。家族や友人、仲間と同じように霊と接してあげてください。怖がる必要はありません。霊はあなたを助けてくれる存在です。

私にも助けてくれる霊がいます。それは、父です。

父が亡くなってから、私は毎日、父の遺影にお水とご飯をお供えして、写真をきれいに拭いて、今日起こったことや困っていることを話します。そして、何か力が欲しいときは、素直にお願いします。例えば、「明日、テレビの収録があるけれど、トラブルなく撮影が終わるように見守ってよ」とか「ペットの具合が良くなるように祈って」などです。もちろん、毎朝、「今日、一日が無事に過ごせますように」は欠かせません。日常会話のようなものです。ですが、それが大事なのです。

これを毎日毎日行うのです。生きている親でもそうでしょうが、日頃から良い関係を築いていないと急なお願いは通りません。

私にとって父の霊はなんでも叶えてくれる万能お助けマンです。お願い、という勘違いしている人もいるので強く言っておきますが、霊（守護霊）にお願いをする際、格好つけてお経を上げる必要はありません。仏壇でお経をあげるのは先祖に対してです。

おじいさんやおばあさんにいきなりお経を唱えると変な顔しますよね、それと同じことです。あくまでも自然体が大事です。

相談に来られる方に、よく、「京明先生が最後の砦《とりで》です」と言われます。病院や他の占い師、寺社仏閣に見てもらっても改善されない、そして、私のところに来られます。そういう方が多いのです。ですから、私ができるかぎりの力を持ってなんとかしないといけないのです。

私は、自分を必要としてくれている人がいるかぎりは、ずっとこのお勤めを続けようと思っています。

まだまだ不勉強ですが、今後も精進してがんばります。それが私の使命なのです。

橋本京明
（はしもと・きょうめい）

福島県郡山市生まれ。神官の家系に生まれ、幼い頃から霊視・予知をするなど不思議な力を持つ。8歳で四柱推命をはじめとする各種占術を学ぶ。その後、心的鍛錬のために金峯山寺や比叡山行院などでも修行を積み重ねる。会社員と併走して占い師として活動。2008年に地元、郡山にて「橋本京明オフィス」を開業。驚異的な的中率が話題となり、テレビや雑誌など各メディアに紹介される。拠点を東京に移してからも個人鑑定は続け多くの悩める人を解決へと導く。自身のYouTubeチャンネルは登録者21万人を超える。著書に『郡山の陰陽師　橋本京明　魂の詞』（説話社）、『陰陽師・橋本京明のとらわれない生き方』（大和書房）、『呪いを祓う55の方法』（宝島社）、『強運のつかみ方』（大和書房）など多数。

【橋本京明オフィシャルサイト】
＜https://www.last-onmyoji.jp＞
【橋本京明スタッフInstagram】@kyomei.hashimoto
＜https://www.instagram.com/kyomei.hashimoto/＞
【ラスト陰陽師　橋本京明　CLUB HOUSE】
橋本京明(Kyomei Hashimoto)または@last_onmyoji
【陰陽師・橋本京明チャンネルスタッフTwitter】
＜https://twitter.com/KyomeiChStaf＞
【陰陽師・橋本京明へのコラボ、お仕事、イベント出演依頼はこちら】
info+kyomei@exvision.tv
【陰陽師・橋本京明チャンネルご登録お願いします】
＜https://goo.gl/uQdUyU＞

霊供養《れいくよう》

発行日　2021年3月12日　初版発行
2022年12月20日　第19刷発行

著　者　橋本京明

発行者　酒井文人

発行所　株式会社説話社
〒169-8077　東京都新宿区西早稲田1-1-6

デザイン　市川さとみ

印刷・製本　中央精版印刷株式会社

ISBN 978-4-906828-70-8 C0011